Czech Vocabulary:
A Czech Language Guide

Eman Redecki

Contents

List of Czech Letters	1
1) Measurements	3
Time	7
Months of the Year	12
Days of the Week	13
Seasons	14
Numbers	14
Ordinal Numbers	16
Geometric Shapes	18
Colors	21
Related Verbs	23
2) Weather	29
Related Verbs	43
3) People	49
Characteristics	54
Stages of Life	59
Religion	61
Work	62
Related Verbs	67
4) Parts of the Body	73
Related Verbs	79
5) Animals	83
Birds	91
Water/Ocean/Beach	93
Insects	95
Related Verbs	96
6) Plants and Trees	101
Related Verbs	109

7) Meeting Each Other	115
Greeting Answers	117
Saying Goodbye	118
Courtesy	119
Special Greetings	120
Related Verbs	121
8) House	125
9) Arts & Entertainment	143
10) Games and Sports	157
Related Verbs	170
11) Food	175
Restaurants and Cafes	182
Related Verbs	189
12) Shopping	195
Related Verbs	201
13) At the Bank	207
Related Verbs	212
14) Holidays	217
American Holidays	219
Related Verbs	222
15) Traveling	227
Modes of Transportation	233
Hotels	235
Related Verbs	243
16) School	249
Related Verbs	259
17) Hospital	265
Related Verbs	274
18) Emergency	279
Related Verbs	285

CZECH VOCABULARY: A CZECH LANGUAGE GUIDE

List of Czech Letters

Order	Alphabet	IPA
01	A a	/a/
02	Á á	/aː/
03	B b	/b/
04	C c	/ts/
05	Č č	/tʃ/
06	D d	/d/
07	Ď ď	/ɟ/
08	E e	/ɛ/
09	É é	/ɛː/
10	Ě ě	/ɛ/, /jɛ/
11	F f	/f/
12	G g	/g/
13	H h	/ɦ/
14	Ch ch	/x/
15	I i	/ɪ/
16	Í í	/iː/
17	J j	/j/
18	K k	/k/
19	L l	/l/
20	M m	/m/
21	N n	/n/
22	Ň ň	/ɲ/
23	O o	/o/
24	Ó ó	/oː/
25	P p	/p/
26	Q q	/kv/
27	R r	/r/
28	Ř ř	/r̝/
29	S s	/s/
30	Š š	/ʃ/
31	T t	/t/
32	Ť ť	/c/

33	U u	/u/
34	Ú ú	/uː/
35	Ů ů	/uː/
36	V v	/v/
37	W w	/v/
38	X x	/ks/
39	Y y	/ɪ/
40	Ý ý	/iː/
41	Z z	/z/
42	Ž ž	/ʒ/

1) Measurements
1) Míry

acre
akr

area
plocha

case
případ

centimeter
centimetr

cup
šálek

dash
špetka

degree
stupeň

depth
hloubka

digit
číslice

dozen
tucet

foot
stopa

gallon
galon

gram
gram

height
výška

huge
obrovský

inch
palec

kilometer
kilometr

length
délka

liter
litr

little
málo

measure
měřit

meter
metr

mile
míle

minute
minuta

miniature
miniaturní

ounce
unce

perimeter
obvod

pint
pinta

pound
*lib*ra

quart
*kv*art

ruler
*pra*vítko

scale
*mě*řítko

small
*mal*ý

tablespoon
*po*lévková lžíce

teaspoon
*ča*jová lžička

ton
*tu*na

unit
*jed*notka

volume
*o*bjem

weigh
vážit

weight
váha

width
šířka

yard
jard

Time
Čas

What time is it?
Kolik je hodin?

It's 1:00 AM/PM
Je 1 hodina dopoledne/odpoledne

It's 2:00 AM/PM
Jsou 2 hodiny dopoledne/odpoledne

It's 3:00 AM/PM
Jsou 3 hodiny dopoledne/odpoledne

It's 4:00 AM/PM
Jsou 4 hodiny dopoledne/odpoledne

It's 5:00 AM/PM

Je 5 *hodin dopoledne/odpoledne*

It's 6:00 AM/PM

Je 6 *hodin dopoledne/odpoledne*

It's 7:00 AM/PM

Je 7 *hodin dopoledne/večer*

It's 8:00 AM/PM

Je 8 *hodin dopoledne/večer*

It's 9:00 AM/PM

Je 9 *hodin dopoledne/večer*

It's 10:00 AM/PM

Je 10 *hodin dopoledne/večer*

It's 11:00 AM/PM

Je 11 *hodin dopoledne/večer*

It's 12:00 AM/PM

Je 12 *hodin dopoledne/večer*

in the morning

*rá*no

in the afternoon

*od*poledne

in the evening
večer

at night
v noci

afternoon
odpoledne

annual
roční

calendar
kalendář

daytime
denní doba

decade
desetiletí

evening
večer

hour
hodina

midnight
půlnoc

minute
minuta

morning
ráno

month
měsíc

night
noc

nighttime
noční doba

noon
poledne

now
nyní

o'clock
hodin/a

past
po

present
přítomnost

second
vteřina

sunrise
východ slunce

sunset
západ slunce

today
dnes

tonight
dnes večer

tomorrow
zítra

watch
hodinky

week
týden

year
rok

yesterday
včera

Months of the Year
Měsíce v roce

January
*le*den

February
*ú*nor

March
*bř*ezen

April
*du*ben

May
*kvě*ten

June
*čer*ven

July
*červ*enec

August
*sr*pen

September
září

October
říjen

November
listopad

December
prosinec

Days of the Week
Dny v týdnu

Monday
pondělí

Tuesday
úterý

Wednesday
středa

Thursday
čtvrtek

Friday
pátek

Saturday
sobota

Sunday
*ne*děle

Seasons
Roční období

winter
*zi*ma

spring
*ja*ro

summer
*lé*to

fall/autumn
*pod*zim

Numbers
Čísla

One (1)
*jed*na (1)

Two (2)
*d*va (2)

Three (3)
*t*ři (3)

Four (4)
čtyři (4)

Five (5)
pět (5)

Six (6)
šest (6)

Seven (7)
sedm (7)

Eight (8)
osm (8)

Nine (9)
devět (9)

Ten (10)
deset (10)

Eleven (11)
jedenáct (11)

Twelve (12)
dvanáct (12)

Twenty (20)
dvacet (20)

Fifty (50)

*pa*desát *(50)*

Hundred (100)

*s*to *(100)*

Thousand (1000)

*ti*síc *(1 000)*

Ten Thousand (10,000)

*de*set tisíc *(10 000)*

One Hundred Thousand (100,000)

sto tisíc *(100 000)*

Million (1,000,000)

*mi*lion *(1 000 000)*

Billion (1,000,000,000)

*mi*liarda *(1 000 000 000)*

Ordinal Numbers
Řadové číslovky

first

*pr*vní

second

*dru*hý

third
*tř*etí

fourth
*čtvr*tý

fifth
*pá*tý

sixth
*šes*tý

seventh
*sed*mý

eighth
*os*mý

ninth
*de*vátý

tenth
*de*sátý

eleventh
*je*denáctý

twelfth
*dva*náctý

thirteenth
třinácty

twentieth
dvacátý

twenty-first
dvacátý první

hundredth
stý

thousandth
tisící

millionth
miliontý

billionth
miliardtý

Geometric Shapes
Geometrické tvary

angle
úhel

circle
kruh

cone
kužel

cube
krychle

cylinder
válec

heart
srdce

heptagon
sedmiúhelník

hexagon
šestiúhelník

line
čára/ linie

octagon
osmiúhelník

oval
ovál

parallel lines
rovnoběžky

pentagon
pětiúhelník

perpendicular lines
kolmice

polygon
mnohoúhelník

pyramid
pyramida

rectangle
obdélník

rhombus
kosočtverec

square
čtverec

star
hvězda

trapezoid
lichoběžník

triangle
trojúhelník

vortex
vír

Colors
Barvy

beige
***bé**žová*

black
***čer**ná*

blue
***mod**rá*

brown
***hně**dá*

fuchsia
***fu**chsiová*

gray
***še**dá*

green
***ze**lená*

indigo
***in**digová*

maroon
kaštanová

navy blue
tmavěmodrá

orange
oranžová

pink
růžová

purple
purpurová

red
červená

silver
stříbrná

tan
žlutohnědá barva

teal
modrozelená

turquoise
tyrkysová

violet
fialová

white
bílá

yellow
žlutá

Related Verbs
Související slovesa

to add
přidat

to change
změnit

to check
zkontrolovat

to color
vybarvit/obarvit

to count
počítat

to divide
dělit

to figure
Figurovat/ znázornit

to fill
plnit

to guess
hádat

to measure
měřit

to multiply
násobit

to subtract
odečítat

to take
vzít

to tell time
říct čas

to verify
ověřit

to watch
dívat se

Michael is a **ten** year old boy who lives in Georgia. His family owns a **twenty acre** farm; he has **two** brothers and **three** sisters. Michael loves to work on his family's farm. He and his brothers wake up at **6:00 in the morning** every day. His favorite thing to do is ride his **brown** and **white** horse around the **perimeter** of the farm to check the fencing for damage. Even if there is only a **centimeter** of damaged wood, Michael must repair it. He also has to **measure** the **height** and **width** of the fence. He takes this job very seriously, so he doesn't want to miss a thing. Michael especially loves working on the farm in **autumn** because they sell more than **one thousand orange** pumpkins during the **month** of **October!** People from all over the state travel for **miles** to buy their pumpkins. Some of their pumpkins **weigh** as much as **one hundred pounds!** In the **winter**, his family sells Christmas trees. He loves helping other families find the perfect tree, whether it is **four feet**, **seven feet**, or even **nine feet tall**! In **December**, his family sells a **dozen green** trees a **day**, this keeps Michael very busy. In the **spring**, his family prepares the crops for the **summer** and **autumn** harvest. Because **spring** is such a busy **time** in school, each of the siblings take turns with special projects on the farm during the **week**; Michael's is the **first** day of the week, **Monday;** Henry's is the **second** day, **Tuesday;** Alan's is the **third** day, **Wednesday;** Sally's is the **fourth** day, **Thursday;** and Ann's is the **fifth** day, **Friday**. Little Ella is still too young for chores, but she loves to **measure** the **height** of the blooming **red** and **yellow** flowers with her **small ruler**. She is a **miniature** version of their mom. She cannot wait to grow up and help around the farm. During **summer**, Michael spends most of his **time** helping his mom cook. It is so hot outside, especially in **July** and **August**; he decided he needed a fun indoor activity. While cooking, he is learning how to convert different types of **measures**, like how many **teaspoons** are in a **tablespoon** and how many **cups** are in a **gallon**; he is also learning to add a **dash** here and **sprinkle** a **little** there to make the recipe just right. Mom knows cooking is a good skill to learn, but she also knows he will be learning these **measurements** in school this **September**.

Michael je desetiletý chlapec, který žije v Georgii. Jeho rodina vlastní **dvacetiakrovou** farmu; má **dva** bratry a **tři** sestry. Michael miluje práci na své rodinné farmě. On a jeho bratři vstávají v **6:00 ráno** každý den. Jeho oblíbená věc je jízda na **hnědém** a **bílém** koni po **obvodu** farmy, aby zkontroloval škody na oplocení. I v případě, že je jen **centimetr** dřeva poškozený, musí jej Michael opravit. Musí také **měřit výšku** a **šířku** plotu. Bere tuto práci velmi vážně, a tak nechce nic zmeškat. Michael miluje zejména práci na farmě na **podzim**, protože v průběhu měsíce **října** se prodá více než **jeden tisíc oranžových** dýní! Lidé z celého státu cestují **míle**, aby si koupili jejich dýně. Některé z jejich dýní **váží** až **sto liber**! V **zimě** jeho rodina prodává vánoční stromky. Miluje pomáhat ostatním rodinám najít perfektní strom, ať už je **čtyři stopy**, **sedm stop**, nebo dokonce **devět stop vysoký**! V **prosinci** jeho rodina prodává **tucet zelených** stromů za **den**, to činí Michaela velmi zaneprázdněným. Na **jaře** jeho rodina připravuje plodiny pro **letní** a **podzimní** sklizeň. Protože **jaro** je náročný čas ve škole, všichni sourozenci se střídají na speciálních projektech na farmě v průběhu **týdne**; Michaelův je **první** den v týdnu, **pondělí**; Henry je **druhý** den, v **úterý**; Alan je **třetí** den, ve **středu**; Sally je **čtvrtý** den, ve **čtvrtek**; a Ann je **pátý** den, v **pátek**. Malá Ella je ještě příliš mladá na domácí práce, ale miluje **měření výšky** kvetoucích **červených** a **žlutých** květů svým **malým pravítkem**. Ona je **miniaturní** verzí jejich maminky. Nemůže se dočkat, až vyroste a bude pomáhat na farmě. Během **léta** Michael tráví většinu svého **času** pomocí s vařením jeho mamince. Venku je tak horko, a to zejména v **červenci** a **srpnu**; tak se rozhodl, že potřebuje zábavnou vnitřní aktivitu. Při vaření se učí, jak převádět různé typy **měrných jednotek**, jako kolik **lžiček** je jedna **lžíce** a kolik **šálků** je v **galonu**; také se učí přidat **špetku** sem a **nasypat trochu** tam, aby byl recept akorát. Máma ví, že vaření je dobrá dovednost, ale také ví, že se bude učit tyto **míry** ve škole v **září** tohoto roku.

2) Weather
2) Počasí

air
vzduch

air pollution
znečištění vzduchu

atmosphere
atmosféra

avalanche
lavina

barometer
barometr

barometric pressure
barometrický tlak

blizzard
sněhová bouře

breeze
vánek

climate
*kli*ma/podnebí

cloud
*m*rak

cold
*chl*ad

cold front
*stu*dená fronta

condensation
*kond*enzace

cool
chlad

cyclone
*cy*klon

degree
*stu*peň

depression
níže

dew
*ro*sa

dew point
*ros*ný bod

downpour
*li*ják

drift
proud

drizzle
*mr*holení

drought
*su*cho

dry
*su*chý

dust devil
*pí*sečný vír

dust storm
*pí*secná bouře

easterly wind
*vý*chodní vítr

evaporation
*vy*pařování

eye of the storm
oko bouře

fair
jasný

fall
podzim

flash flood
blesková povodeň

flood
povodeň

flood stage
stupeň povodně

flurries (snow)
přeháňka (sněhová)

fog
mlha

forecast
předpověď

freeze
mrznout

freezing rain
***mrz**noucí déšť*

front (cold/hot)
***fron**ta(studená/teplá)*

frost
***m**ráz*

funnel cloud
***ná**levkovitý mrak*

global warming
***glo**bální oteplování*

gust of wind
***po**ryv větru*

hail
***krou**py*

haze
***mlž**ný opar*

heat
T**eplo/**horko

heat index
***in**dex tepla/horka*

heat wave
vlna tepla/horka

high
vysoký

humid
vlhký

humidity
vlhkost

hurricane
hurikán

ice
led

ice crystals
ledové krystaly

ice storm
ledová bouře

icicle
rampouch

jet stream
tryskové proudění na vrcholu troposféry

landfall
sesuv půdy

lightning
blesk

low
nízký

low pressure system
systém nízkého tlaku

meteorologist
meteorolog

meteorology
meteorologie

microburst
mikrobouře

mist
mlha

moisture
vlhkost

monsoon
monzun

muggy
*dus*ný

nor'easter
*se*verovýchodní

normal
*nor*mální

outlook
*vý*hled

overcast
*za*taženo

ozone
*o*zón

partly cloudy
*čás*tečně zataženo

polar
*po*lární

pollutant
*zne*čišťující látka

precipitation
*srá*žky

pressure
tlak

radar
radar

radiation
záření

rain
déšť

rainbow
duha

rain gauge
srážkoměr

relative humidity
relativní vlhkost

sandstorm
písečná bouře

season
roční období

shower
přeháňka

sky
obloha

sleet
plískanice

slush
břečka

smog
smog

smoke
kouř

snow
sníh

snowfall
sněžení

snowflake
sněhová vločka

snow flurry
sněhová vichřice

snow shower
sněhová přeháňka

snowstorm
sněhová bouře

spring
jaro

storm
bouře

storm surge
přívalová bouře

stratosphere
stratosféra

summer
léto

sunrise
východ slunce

sunset
západ slunce

supercell
supercela

surge
příval

swell
vzdouvání

temperature
teplota

thaw
tání

thermal
termální

thermometer
teploměr

thunder
hrom

thunderstorm
hromobití

tornado
tornádo

trace
stopa

tropical
tropický

tropical depression
tropický pokles

tropical storm
tropická bouře

turbulence
turbulence

twister
tornádo

typhoon
tajfun

unstable
nestálý

visibility
viditelnost

vortex
vír

warm
teplý

warning
varování

watch

sledovat

weather

počasí

weather pattern

vzorec počasí

weather report

report počasí

weather satellite

satelit pro záznam počasí

westerly wind

západní vítr

whirlwind

vichřice

wind

vítr

wind chill

mrazivý vítr

winter

zima

Related Verbs
Související slovesa

to blow
*fou*kat

to clear up
*vy*jasnit se

to cool down
*o*chladit se

to drizzle
*mr*holit

to feel
*cí*tit

to forecast
*před*povídat

to hail
*krou*py

to rain
*pr*šet

to report
*na*hlásit

to shine
svítit

to snow
sněžit

to storm
bouřit

to warm up
oteplit se

to watch
pozorovat

Heather loves the **seasons** and **weather**. She dreams of one day becoming a **meteorologist** so she can share her love with everyone. She is currently attending school to study the **weather** and how it works. She is learning that each of the four **seasons** brings its own **weather patterns** to the world. She is amazed at how the **seasons** affect the **weather**. The **seasons** vary throughout the world, but here in America, where Heather lives, there are four distinct **seasons**, and each of them brings something different to our world. In **winter**, the **temperature** is **cold** and the ground is white with **snow**. The **wind** gets so **cold** up on the mountaintop that the **wind chill** is below zero **degrees**. Sometimes, the **wind** blows with such force that it causes an **avalanche** of **snow** on the mountain. When the **air** is this **cold**, you are likely to wake up with **frost** on your car. In the **spring**, things begin to **heat** up. The **temperature** begins to **warm** up a bit, making the **snow** on the ground **thaw** out. The flowers begin to bloom and the trees begin to grow leaves. **Spring** often brings **rain**; sometimes the **rain** is so heavy, it causes **flash floods**. A common sighting in spring is a beautiful **rainbow** after the **rain**. The **temperature** is **hot** in the **summer**. The **temperatures** begin to rise and the **heat index** goes up causing a **heat wave**. There is not much **precipitation** in **summer**; however, occasionally the **clouds** bring a **thunderstorm**. The **rain** usually does not last long in **summer**, but the **thunder** and **lightning** can be dangerous. Every time there is a **thunderstorm**, Heather will watch the **weather report** to see if they will issue a **watch** or a **warning**. After **summer**, **fall** brings the start of **cool temperatures**. The leaves on the trees begin to fall, preparing the tree for the **winter**. In the coastal regions, **hurricanes** become a problem in the **fall**. This is a dangerous, yet exciting time in the world of **meteorology**. The **seasons** have a huge effect on **weather**; however the biggest changes in **weather** and the most dangerous events, such as **tsunamis**, **tornados**, and **storms**, occur during the change in **seasons**. The **unstable** and ever-changing **temperatures** affect the **barometric pressure** in a way that causes these types of events. While dangerous, they are exciting to someone like Heather who studies the **weather**. Heather's goal is to one day help educate and warn people in advance when these events are likely to occur.

Heather miluje **roční období** a **počasí**. Sní, že jednoho dne se stane **meteorologem**, aby mohla sdílet svou lásku s každým. V současné době navštěvuje školu, kde studuje **počasí** a jak funguje. Učí se, že každé ze čtyř **ročních období** přináší světu své vlastní **vzorce počasí**. Je ohromena tím, jak roční období ovlivňují počasí. **Roční období** se liší po celém světě, ale tady v Americe, kde Heather bydlí, jsou čtyři různá **roční období**, a každé z nich přináší něco jiného do našeho světa. V **zimě** je **teplota chladná** a zem je bílá od sněhu. **Vítr** se na vrcholcích hor tak **ochladí**, že **wind chill** je pod nulou stupňů. Někdy **vítr** fouká takovou silou, že způsobí **lavinu sněhu** na horách. Pokud je **vzduch** takto **studený**, pravděpodobně se probudíte s **námrazou** na autě. Na **jaře** se věci začnou **zahřívat**. **Teplota** se začne trochu **zahřívat**, což způsobí, že **sníh** na zemi **roztaje**. Květiny začínají kvést a na stromech začnou růst listy. **Jaro** často přináší **déšť**; někdy je **déšť** tak hustý, že způsobí **bleskové povodně**. Běžným jevem na jaře je krásná **duha** po dešti. **Teplota** je v **létě horká**. **Teploty** začínají stoupat a **index horka** stoupá, což způsobí **vlnu veder**. V **létě** není mnoho **srážek**; nicméně, občas **mraky** přinesou **bouřky**. **Déšť** obvykle v létě netrvá dlouho, ale **hromy** a **blesky** mohou být nebezpečné. Pokaždé, když je **bouřka**, bude Heather sledovat **zprávy o počasí,** aby zjistila, zda vydá **pozorování** nebo **varování**. Po **létě**, **podzim** přináší začátek **chladných teplot**. Listy na stromech začnou padat, což je příprava stromu na **zimu**. V pobřežních oblastech, se **hurikány** stávají na **podzim** problémem. To je nebezpečný, ale vzrušující čas ve světě **meteorologie**. **Roční období** mají obrovský vliv na **počasí**; ale největší změny v počasí a nejnebezpečnější jevy, jako jsou **tsunami, tornáda** a **bouře**, se vyskytují při změně **ročních**

období. **Nestabilní** a neustále se měnící **teploty** ovlivňují **barometrický tlak** způsobem, který způsobuje tyto typy událostí. Jsou nebezpečné, ale pro někoho, kdo studuje **počasí**, jako Heather, jsou vzrušující. Cílem Heather je jednoho dne pomoci vzdělávat lidi a předem je varovat, když je pravděpodobné, že k těmto událostem dojde.

3) People
3) Lidé

athlete
atlet

baby
dítě

boy
chlapec

boyfriend
přítel

brother
bratr

brother-in-law
švagr

businessman
obchodník

candidate
kandidát

child/children
dítě/děti

coach
trenér

cousin
Bratranec (m)/sestřenice (f)

customer
zákazník

daughter
dcera

daughter-in-law
snacha

driver
řidič

family
rodina

farmer
farmář

father/dad
otec/táta

father-in-law
tchán

female
žena

friend
přítel/kamarád

girl
dívka

girlfriend
přítelkyně

godparents
kmotři

grandchildren
vnoučata

granddaughter
vnučka

grandfather
dědeček

grandmother
babička

grandparents
prarodiče

grandson
vnuk

husband
manžel

instructor
instruktor

kid
dítě

king
král

male
muž

man
muž/člověk

mother/mom
matka/máma

mother-in-law
tchýně

nephew
synovec

niece
neteř

parent
rodič

people
lidé

princess
princezna

queen
královna

rock star
roková hvězda

sister
sestra

sister-in-law
švagrová

son
syn

son-in-law
zeť

student
student

teenager
teenager

tourist
turista

wife
manželka

woman
žena

youth
mládež/mládí

Characteristics
Charakteristika

attractive
atraktivní

bald
plešatý

beard

vousy

beautiful

krásná

black hair

černé vlasy

blind

slepý

blond

blonďak (m) / blondýnka (f)

blue eyes

modré oči

brown eyes

hnědé oči

brown hair

hnědé vlasy

brunette

bruneta

curly hair

kudrnaté vlasy

dark
tmavý

deaf
neslyšící

divorced
rozvedený

elderly
postarší/starší

fair (skin)
světlá (pleť)

fat
tlustý

gray hair
šedé vlasy

green eyes
zelené oči

handsome
pohledný

hazel eyes
oříškové oči

heavyset
zavalitý

light brown
světle hnědý

long hair
dlouhé vlasy

married
vdaná/ženatý

mustache
knír

old
starý

olive
olivový

overweight
nadváha

pale
bledý

petite
drobný

plump
buclatý

pregnant
těhotná

red head
rusovlasý

short
krátký/malý

short hair
krátké vlasy

skinny
vychrtlý

slim
štíhlý

stocky
podsaditý

straight hair
rovné vlasy

tall
vysoký

tanned
opálený

thin
hubený

wavy hair
vlnité vlasy

well built
dobře stavěný

white
bílý

young
mladý

Stages of Life
Životní stádia

adolescence
dospívání

adult
dospělý

anniversary
výročí

birth
*na**rození***

death
***s**mrt/**ú**mrtí*

divorce
***roz**vod*

elderly
***po**starší/starší*

graduation
***pro**moce*

infant
***ko**jenec*

marriage
***sňa**tek*

middle aged
*ve **střed**ních **le**tech*

newborn
***no**vorozenec*

preschooler
***před**školák*

preteen
nedospělý

senior citizen
starší občan

teenager
teenager

toddler
batole

tween
dítě (10-12)

young adult
mladý dospělý

youth
mládí

Religion
Náboženství

Atheist / Agnostic
Ateista / agnostik

Baha'i
bahaista

Buddhist
*bud*hista

Christian
*křes*ťan

Hindu
*hin*duista

Jewish
*ž*id

Muslim
*mus*lim

Sikh
*s*ikh

Work
Práce

accountant
účetní

actor
*he*rec

associate
*spo*lečník

astronaut
astronaut

banker
bankéř

butcher
řezník

carpenter
tesař

chef
šéfkuchař

clerk
úředník

composer
skladatel

custodian
dozorce

dentist
zubař

doctor
lékař

electrician
elektrikář

executive
vedoucí pracovník

farmer
farmář

fireman
hasič

handyman
údržbář

judge
soudce

landscaper
krajinář

lawyer
právník

librarian
knihovník

manager
manažer

model
model

notary
notář

nurse
zdravotní sestra

optician
optik

pharmacist
lékárník

pilot
pilot

policeman
policista

preacher
kněz

president
prezident

representative
zástupce

scientist
vědec

secretary
sektretářka

singer
zpěvák

soldier
voják

teacher
učitel

technician
technik

treasurer
pokladník

writer
spisovatel

zoologist
zoolog

Related Verbs
Související slovesa

to deliver
doručit

to enjoy
užít si

to grow
pěstovat/růst

to laugh
smát se

to love
milovat

to make
dělat

to manage
spravovat

to repair
opravovat

to serve
sloužit

to sing

zpívat

to smile

usmívat se

to talk

mluvit

to think

myslet

to work

pracovat

to work at

pracovat v

to work for

pracovat pro

to work on

pracovat na

to worship

uctívat

to write

psát

John is a successful **pilot** and **businessman**. This came as no surprise to any of his **family** and **friends**, but his start in life wasn't an easy one. When he was just a **baby**, John spent a lot of time seeing **doctors** for a rare condition he was born with. As an **infant**, he was very sick and required the care of a **nurse** all the time. While he was in the hospital, everyone came to visit him; **aunts**, **uncles**, **cousins**, and of course his **grandparents**. Finally, he got well and he was able to live a normal, healthy life. Because of all he had been through, his **parents** knew he would be a successful **man**. As a **toddler**, he and his **grandfather** loved to watch planes fly over his house. John's **grandfather** told his **grandson** that he could be anything he wanted when he grew up. He was such a curious **child**, but never lost his love of planes, he even dreamed of being an **astronaut**. As he grew older, he really excelled in math and science class, his **teachers** were amazed and his **mom** and **dad** were so proud of him. He was the top **student** in his class when he graduated high school. He was a **tall**, **handsome young man** with **black hair** and **blue eyes**. He was also very talented on the basketball court; his **coach** thought he was a fine **youth** as well. He was just a **teenager** when he finished college and became a **pilot**, finally getting to live his lifelong dream. One day there was an accident that forced John into the hospital for quite some time, there he met a young **woman** named Rachel, and she was a **nurse**. John quickly recovered under the care of his **girlfriend**, but he was never able to fly again. He did however become a flight school **instructor** where he was able to teach other people how to fly.

It wasn't long that John and Rachel because **husband** and **wife**. They had two lovely **children,** one **boy** and one **girl**. Jill is quite the **singer**; everything is a microphone to this aspiring **rock star**. She is the cutest little **princess** you have ever seen! But Little Johnny Junior is following in his **father's** footsteps because he dreams of being a **pilot**, just like his **daddy**. **Father, son,** and **grandson** all love to spend quiet Sunday afternoons watching the planes go by. John knows that one day his **son** will be able to fly planes just like he did. While this thought scares him a little because of the accident, he is very proud of his **son** for his passion for flying. Maybe one day he will be a **student** in his **father's** flight school. In all of his successes, John's **family** is the achievement he is most proud of.

John je úspěšný **pilot** a **podnikatel**. To nebylo pro nikoho z jeho **rodiny** a **přátel** překvapení, ale jeho start do života nebyl snadný. Když byl ještě **dítě**, John strávil spoustu času návštěvami **lékařů** pro vzácný stav, se kterým se narodil. Jako **dítě**, byl velmi nemocný a vyžadoval péči **zdravotní sestry** po celou dobu. Zatímco byl v nemocnici, všichni jej chodili navštívit; **tety, strýcové, bratranci,** a samozřejmě jeho **prarodiče**. Nakonec se uzdravil a byl schopen žít normální, zdravý život. Díky tomu, čím prošel, jeho **rodiče** věděli, že bude úspěšný **muž**. Jako **batole**, on a jeho **dědeček** milovali sledování letadel létajících nad jeho domem. Johnův **dědeček** řekl svému **vnukovi**, že může být, čím chce, až vyroste. Byl takové zvědavé **dítě**, ale nikdy neztratil svou lásku k letadlům, dokonce snil o tom, že se stane **astronautem**. Jak stárl, opravdu vynikal v hodinách matematiky a vědy, jeho **učitelé** byli ohromeni a jeho **maminka** a **tatínek** na něj byli velmi pyšní. Byl top **studentem** ve své třídě, když maturoval na střední škole. Byl to **vysoký, pohledný mladý muž** s **černými vlasy** a **modrýma očima**. Byl také velmi talentovaný na basketbalovém hřišti, jeho trenér si také myslel, že je to fajn **mladík**. Byl pouze **teenager**, když skončil vysokou školu a stal se **pilotem**, konečně prožíval svůj celoživotní sen. Jednoho dne došlo k nehodě, která donutila Johna zůstat nějakou dobu v nemocnici, kde se setkal s mladou **ženou** jménem Rachel, která byla **zdravotní sestra**. John se rychle zotavil v péči své **přítelkyně**, ale nikdy nebyl schopný znovu létat. Stal se však **instruktorem** letecké školy, kde mohl učit ostatní lidi, jak létat. Netrvalo dlouho a John a Rachel se stali **manželem** a **manželkou**. Měli dvě krásné **děti**, **chlapce** a **dívku**. Jill docela **zpěvačka**; vše je mikrofon pro tuto ctižádostivou **rockovou hvězdu**. Ona je nejroztomilejší malá **princezna**, jakou jste kdy viděli! Ale malý Johnny Junior jde ve stopách svého **otce**, protože on sní o tom, že se stane **pilotem**, stejně jako jeho **táta**. **Otec, syn** a **vnuk** všichni rádi tráví klidné nedělní odpoledne sledováním letadel. John ví, že jednoho dne jeho **syn** bude moci létat letadlem stejně, jako to dělal on. I když ho tato myšlenka trochu děsí, díky jeho nehodě, je velmi hrdý na svého syna a na jeho vášeň pro létání. Možná, že jednoho dne bude **studentem** v **otcově** letecké škole. Ze všech svých úspěchů, je to Johnova **rodina**, na kterou je nejvíce hrdý.

4) Parts of the Body
4) Části těla

ankle
***kot**ník*

arm
***pa**že*

back
***zá**da*

beard
***vou**sy*

belly
***bři**cho*

blood
***k**rev*

body
***tě**lo*

bone
***k**ost*

brain
mozek

breast
prsa

buttocks
hýždě

calf
lýtko

cheek
tvář

chest
hruď

chin
brada

ear
ucho

elbow
loket

eye
oko

eyebrow
obočí

eyelash
řasa

face
obličej

finger
prst

finger nail
nehet na prstu

fist
pěst

flesh
maso

foot/feet
chodidlo/chodidla

forearm
předloktí

forehead
čelo

hair

vlas/vlasy

hand

ruka

head

hlava

heart

srdce

heel

pata

hip

bok

jaw

čelist

knee

koleno

leg

noha

lips

rty

moustache
knír

mouth
ústa

muscle
sval

nail
nehet

neck
krk

nose
nos

nostril
nosní dírka

palm
dlaň

shin
holeň

shoulder
rameno

skin
pleť/kůže

spine
páteř

stomach
žaludek

teeth/tooth
zub/zuby

thigh
stehno

throat
krk/hrdlo

thumb
palec na ruce

toe
prst na noze

toenail
nehet na noze

tongue
jazyk

underarm
***pod**paží*

waist
***p**as*

wrist
***zá**pěstí*

Related Verbs
Související slovesa

to exercise
***cvi**čit*

to feel
***cí**tit*

to hear
***sly**šet*

to see
***vi**dět*

to smell
***cí**tit (**či**chat)*

to taste
***o**chutnat*

to touch

*dot*knout se

One day an alien crash landed on planet Earth. He was very confused and didn't know where he was. As he explored this undiscovered world, he happened along a little boy named David. David was eight years old and wasn't scared at all; after all, he knew there were aliens and he was happy to finally meet one. The alien had a large **head** and funny pointing **ears;** and he moved in a curious way with six **legs**! The alien was so confused when he saw the boy, so he asked David, "Why do you look so funny?" David laughed and told him all humans look like this. David has a good **heart** and wanted to make sure the alien was familiar with the people of Earth, so he told him all about how we use our body parts. "Let me tell you all about these funny parts", replied David. "On top of my body is my **head**; we have two **eyes** to see; two **ears** to hear; a **nose** to smell; and a **mouth** to talk and eat." The alien was surprised because he had all of these parts, but they looked much different. "Well then," said the alien, "what are those things you are standing on and why are there only two of them? David said, "These are **legs**, we just put one in front of the other and it makes us walk or run." The alien was amazed that the human could walk with only two **legs,** after all, he had six **legs** and he needed them all to get around! "What are those things that are dangling off your upper **legs**?" asked the alien. "Oh, these? They are called **fingers** and they are attached to my **hands** and **arms**. Look! Aren't they neat? I can wiggle them, tickle with them, I even use them to pick things up. They really come in handy for lots of different things." The alien really wanted a set of those fingers, and then to find out there are **toes** on the end of the **legs**... wow! He just had to have some! The alien wanted to know more, so he continued, "What is that stuff sticking up on the top of your **head**?" David replied, "That is called **hair**. It grows really fast, even after I cut it off, it just grows back out!! Adult humans have **hair** on other parts of their bodies; l**egs, arms, face,** even their **toes**!" "Why don't you have **hair** on those parts?" asked the alien. David told him that he would not grow **hair** on those parts until he grows up. The alien was satisfied with David's explanation of the human body parts and decided it was time to return home. David was sad to see him go, but so excited to tell his friends all about his encounter with such a curious alien.

Jednoho dne mimozemšťan nouzově přistál na planetě Zemi. Byl velmi zmatený a nevěděl, kde je. Když zkoumal tento neobjevený svět, potkal malého chlapce jménem David. Davidovi bylo osm let, a neměl vůbec strach. Koneckonců, věděl, že existují mimozemšťané, a byl šťastný, že konečně jednoho poznává. Mimozemšťan měl velkou **hlavu** a vtipné špičaté **uši**; a pohyboval se zvláštním způsobem se šesti **nohama**! Mimozemšťan byl tak zmatený, když viděl chlapce, a tak se Davida zeptal, "Proč vypadáš tak legračně?" David se smál a řekl mu, že všichni lidé vypadají takhle. David má dobré **srdce**, a chtěl, aby se aby se mimozemšťan seznámil s lidmi na Zemi, a tak mu řekl všechno o tom, jak používáme své tělo. "Dovol mi, abych ti řekl o všech těchto vtipných částech," odpověděl David. "Na vrchu mého těla je moje **hlava**; máme dvě **oči**, abychom viděli; dvě **uši,** abychom slyšeli; **nos**, abychom cítili; a **ústa** abychom mohli mluvit a jíst. "Mimozemšťan byl překvapen, protože měl všechny tyto části, ale vypadaly hodně odlišně. "Tak dobře," řekl mimozemšťan, "co jsou ty věci, na kterých stojíš a proč jsou tam jen dvě? David řekl: "To jsou **nohy**, prostě dáváme jednu před druhou a tak můžeme chodit nebo běhat." Mimozemšťan byl překvapen, že člověk může chodit pouze se dvěma **nohama**, ke všemu, on měl šest **nohou** a k chůzi je potřeboval všechny! "Co jsou ty věci, které se houpou u tvých horních **nohou**?" Zeptal se mimozemšťan. "Ach, ty? Říká se jim **prsty** a jsou připojeny k mým **rukám** a **pažím**. Podívejte se! Nejsou čisté? Můžu jimi hýbat, lechtat s nimi, dokonce je používám ke zvednutí nějaké věci. Opravdu se hodí pro mnoho různých věcí. "Mimozemšťan opravdu chtěl sadu těchto prstů, a pak zjistil, že jsou **prsty** na konci **nohou**... páni! On prostě musel nějaké mít! Mimozemšťan chtěl vědět víc, a tak pokračoval: "Co je to za věci, které drží na vrcholu tvé **hlavy**?" David odpověděl: "To se nazývá **vlasy**. Rostou velmi rychle, a to i poté, co je ostříhám, prostě dorostou!! Dospělí lidé mají **chlupy** na dalších částech těla; **nohou, rukou, obličeji**, dokonce i jejich **prstech**! "" Proč ty nemáš **chlupy** na těch částech? "zeptal se mimozemšťan. David mu řekl, že mu na těch částech vlasy vyrostou, až sám vyroste. Mimozemšťan byl spokojen s Davidovým vysvětlením částí lidského těla, a rozhodl, že je čas vrátit se domů. David byl smutný vidět ho odcházet, ale tak nadšený, že vyprávěl o svém setkání s tím zvědavým mimozemšťanem svým přátelům.

5) Animals
5) Zvířata

alligator
aligátor

anteater
mravenečník

antelope
antilopa

ape
opice

armadillo
pásovec

baboon
pavián

bat
netopýr

bear
medvěd

beaver
bobr

bison
bizon

bobcat
rys

camel
velbloud

caribou
karibu

cat
kočka

chameleon
chameleon

cheetah
gepard

chipmunk
čipmank

cougar
puma

cow
krává

coyote
kojot

crocodile
krokodýl

deer
jelen

dinosaur
dinosaurus

dog
pes

donkey
osel

elephant
slon

emu
emu

ferret
fretka

fox
liška

frog
žába

gerbil
pískomil

giraffe
žirafa

goat
koza

gorilla
gorila

groundhog
svišť

guinea pig
morče

hamster
křeček

hedgehog
ježek

hippopotamus
hroch

horse
kůň

iguana
leguán

kangaroo
klokan

lemur
lemur

leopard
leopard

lion
lev

lizard
ještěrka

llama
lama

meerkat
surikata

mouse/mice

myš/myši

mole

krtek

monkey

opice

moose

los

mouse

myš

otter

vydra

panda

panda

panther

panter

pig

vepř

platypus

ptakopysk

polar bear
polární medvěď

porcupine
dikobraz

rabbit
králík

raccoon
mýval

rat
krysa

rhinoceros
nosorožec

sheep
ovce

skunk
skunk

sloth
lenochod

snake
had

squirrel
veverka

tiger
tygr

toad
ropucha

turtle
želva

walrus
mrož

warthog
prase bradavičnaté

weasel
lasička

wolf
vlk

zebra
zebra

Birds
Ptáci

canary
***ka**nárek*

chicken
***ku**ře*

crow
***vrá**na*

dove
***ho**lubice*

duck
***kach**na*

eagle
***o**rel*

falcon
***so**kol*

flamingo
***pla**meňák*

goose
***hu**sa*

hawk
jestřáb

hummingbird
kolibřík

ostrich
pštros

owl
sova

parrot
papoušek

peacock
páv

pelican
pelikán

pheasant
bažant

pigeon
holub

robin
červenka

rooster
kohout

sparrow
vlaštovka

swan
labuť

turkey
krocan

Water/Ocean/Beach
Voda/oceán/pláž

bass
okoun

catfish
sumec

clam
škeble

crab
krab

goldfish
zlatá rybka

jellyfish
medúza

lobster
humr

mussel
mušle

oyster
ústřice

salmon
losos

shark
žralok

trout
pstruh

tuna
tuňák

whale
velryba

Insects
Hmyz

ant
mravenec

bee
včela

beetle
brouk

butterfly
motýl

cockroach
šváb

dragonfly
vážka

earthworm
žížala

flea
blecha

fly
moucha

gnat
*ko*már

grasshopper
*ko*bylka

ladybug
*slu*néčko

moth
*m*ol

mosquito
*ko*már

spider
*pa*vouk

wasp
*vo*sa

Related Verbs
Související slovesa

to eat
*jí*st

to bark
*ště*kat

to chase
*ho*nit

to feed
*kr*mit

to hibernate
*př*ezimovat

to hunt
*lo*vit

to move
*hý*bat se

to perch
*se*dět

to prey
*mo*dlit se

to run
*bě*hat

to swim
*pla*vat

to wag
*vr*tět

to walk

*cho*dit

Sarah is a seven year old girl who loves to visit the zoo. Her mom takes her to the local zoo at least once a week to see her favorite animals. This is an account of her usual visit to the zoo: When they arrive, they must pass by the **flamingos** and boy do they smell! They are pretty to look at, but don't get too close! Sarah insists that they visit her favorite animal first, the **elephants**. She loves how big, yet gentle they are. They spend time watching the **elephants** move about their habitat and one time, she even got to see an **elephant** paint! Next, they visit the Birds' Nest exhibit. They have many different species of **birds** on display, including **sparrows, robins, peacocks, canaries, hummingbirds**, they even have an **eagle**! The **eagle** is so majestic; it is Sarah's favorite **bird**. Sometimes the **eagle**'s trainer will put on a show and Sarah just loves to see it spread its wings! After visiting the birds, Sarah likes to visit the mammal section of the zoo. They have **bears, tigers, lions, monkeys**, they even have **pandas**! One of the **pandas** had twin babies last year and Sarah has really enjoyed watching them grow up. After lunch, they visit the **reptile** house; there are lots of scaly looking animals there! The **alligators** are big and scary, but Sarah likes to watch from a distance. They also have **frogs** in lots of different colors; some are green, some are yellow and black, and some are blue! The best animals in the **reptile** house are the **snakes**. Some are stretched out long and some are coiled up taking a nap! They come in many different colors as well. Did you know that **snakes** eat **mice**? Sarah once got to see a **snake** eat its lunch, it was a little yucky to watch, but neat to see how a **snake** eats. After visiting the **reptiles**, Sarah and her mom go to see the **meerkats** and **warthogs**. They always make Sarah think of her favorite movie characters. The **meerkats** are silly little creatures and the **warthogs** just lay around in the mud all day! Sarah then goes to visit the tallest animal in the zoo, the **giraffe.** One day she even got to feed one! Its mouth is very weird to touch and it has a long tongue. One of the more popular sites at the zoo is the petting zoo. Sarah gets to brush the coat of **goats**, **sheep**, and even **pigs**! One last stop, to ride the train. While on the zoo train, Sarah gets to see lots of different animals, such as **kangaroos**, **ostriches**, **turtles**, and many more! Maybe one day, Sarah's mom can talk her into going to the aquarium instead of the zoo. Sarah would surely enjoy seeing **sharks**, **whales**, and **jellyfish**!

Sarah je sedmiletá holčička, která velmi ráda chodí do zoo. Její maminka ji bere do místní zoo minimálně jednou za týden, aby se podívala na svá oblíbená zvířata. Takto vypadá její obvyklá návštěva zoo: Když přijdou, musí projít kolem **plameňáků**, a ti tedy smrdí! Hezky se na ně dívá, ale moc se nepřibližujte! Sarah trvá na tom, aby nejdříve navštívily její oblíbené zvíře, **slony**. Líbí se jí, jak jsou velcí a přitom jemní. Stráví nějakou dobu sledováním **slonů** v jejich přirozeném prostředí a jednou dokonce viděla **slona** malovat! Jako další navštíví výstavu ptačích hnízd. Vystaveno je mnoho druhů **ptáků**, včetně **vrabců**, **červenek**, **pávů**, **kanárů**, **kolibříků**, mají dokonce **orla**! **Orel** je tak majestátní, je to oblíbený **pták** Sarah. Někdy trenér orlů udělá představení a Sarah se moc líbí, jak roztahuje křídla. Poté, co navštíví ptáky, Sarah ráda navštěvuje sekci savců v zoo. Mají **medvědy, tygry, lvy, opice**, dokonce mají **pandy**! Jedna **panda** měla minulý rok dvojčata a Sarah opravdu baví pozorovat je vyrůstat. Po obědě navštíví dům **plazů**, je tam spousta šupinatých zvířat! **Aligátoři** jsou velcí a jde z nich strach, ale Sarah se na ně ráda dívá z dálky. Mají také **žáby** v mnoha různých barvách, některé jsou zelené, některé žlutočerné a některé modré! Nejlepší zvířata v domě **plazů** jsou **hadi**. Někteří z nich jsou natažení a někteří z nich jsou stočení a spí! Také mají mnoho různých barev. Věděli jste, že **hadi** jedí **myši**? Sarah jednou viděla **hada** jíst svůj oběd, bylo trochu odporné se dívat, ale krásné vidět, jak **had** jí. Po návštěvě **plazů** se Sarah a její matka zajdou podívat na **surikaty** a **prasata bradavičnatá**. Vždycky Sarah připomínají její oblíbené filmové postavy. Tyto **surikaty** jsou hloupá stvoření a **prasata bradavičnatá** jen leží celý den v bahně! Sarah pak jde navštívit nejvyšší zvíře v zoo, **žirafu**. Jednoho dne dokonce jednu krmila! Její ústa jsou velmi podivná na dotek a má dlouhý jazyk. Jedno z více oblíbených míst v zoo je dětské zoo. Sarah může kartáčovat srst **kozy, ovce** a dokonce i **vepře**! Poslední zastávka, svezení vlakem. Když je v zoo vlaku, Sarah vidí spoustu různých zvířat, jako jsou **klokani, pštrosi, želvy** a mnoho dalších! Možná jednoho dne maminka Sarah přemluví, aby šly do akvária místo zoo. Sarah by jistě bavilo vidět **žraloky, velryby**, a **medúzy**!

6) Plants and Trees
6) Rostliny a stromy

acacia
akát

acorn
žalud

annual
každoroční

apple tree
jabloň

bamboo
bambus

bark
kůra

bean
fazole

berry
bobule

birch
bříza

blossom
květ

branch
větev

brush
křovina

bud
poupě

bulb
hlíza

bush
keř

cabbage
zelí

cactus
kaktus

carnation
karafiát

cedar
cedr

cherry tree
třešeň

chestnut
kaštan

corn
kukuřice

cypress
cypřiš

deciduous
listnatý

dogwood
dřín

eucalyptus
eukalyptus

evergreen
stále zelený

fern
kapradí

fertilizer
***hno**jivo*

fir
***jed**le*

flower
***kvě**tina*

foliage
***lis**tí*

forest
***l**es*

fruit
***o**voce*

garden
***za**hrada*

ginko
***gin**ko*

grain
***zr**no*

grass
***trá**va*

hay
seno

herb
bylinka

hickory
ořechovec

ivy
břečťan

juniper
jalovec

kudzu
kudzu

leaf/leaves
list/listy

lettuce
salát

lily
lilie

magnolia
magnólie

maple tree
javor

moss
mech

nut
ořech

oak
dub

palm tree
palma

pine cone
šiška

pine tree
borovice

plant
rostlina

peach tree
broskvoň

pear tree
hrušeň

petal
okvětní lístek

poison ivy
škumpa jedovatá

pollen
pyl

pumpkin
dýně

root
kořen

roses
růže

sage
šalvěj

sap
míza

seed
semínko

shrub
keř

squash

dýně

soil

půda

stem

stonek

thorn

trn

tree

strom

trunk

kmen

vegetable

zelenina

vine

víno

weed

plevel

Related Verbs
Související slovesa

to fertilize
***hno**jit*

to gather
***shro**máždit*

to grow
***pěs**tovat/růst*

to harvest
***sklí**zet*

to pick
***sbí**rat*

to plant
***sá**zet*

to plow
***o**rat*

to rake
***hra**bat*

to sow
***za**sít*

to spray
*pos**třikat***

to water
*za**lévat***

to weed
*p**lít***

Farmer Smith was a kind old man. He ran the local farm and orchard. One day, while out harvesting **corn**, a bird hobbled over and sat down beside him. Farmer Smith noticed the poor little bird had a broken wing, so he gathered up his supplies and cradled the bird in one of his baskets. The bird could not fly and was helpless, so Farmer Smith decided to nurse the bird back to good health. He used a small piece of **bark** to bandage the broken wing. Every day Farmer Smith would take the bird for a walk and they would rest against the **trunk** of an old **oak tree** at the edge of the property. The farmer loved to tell the bird all about the different **plants** on his farm. He told of the **pine trees** that lined his property. These **trees** were perfect Christmas **trees**. He told of the **flowers** that grew wild near the lake, he explained how they started as a seed, and then grew into a bulb, then eventually into a beautiful **flower**. They were so colorful and vibrant; they remind the farmer of his wife. He would bring her **roses** every day for her to use on the dinner table. His wife was a wonderful cook, she could cook anything that the farmer grew; **squash, pumpkin, pears, apples, cabbage,** and many more. The way she used the **herbs** was like magic! The little bird loved to hear the stories about the farmer's wife, just hearing about her brought the bird comfort. One day, while the farmer was out **tilling** the **soil,** he heard a small sound approaching him; he turned around to see it was the little bird he had been caring for. She had learned to fly again! The farmer decided it was time for the bird to go live in the **forest** again. She was strong enough and prepared to survive on her own. It was a sad day, but the farmer took the bird into the **deciduous forest** and released her. One day, in early spring the farmer noticed a bird on his window sill. He couldn't believe his eyes, it was the same bird. He was so pleased to see the bird again, for it reminded him of his wife. Now, every spring, the bird comes to visit the farmer. He and the bird go to that old **oak tree** and Farmer Smith tells a new story about his wife. I don't know whatever happened to that bird, but it visited the farmer every year until the farmer passed away. It even visited his window sill at the hospital the year before he died. No one has ever seen it happen, but I know that the bird brings a single **rose** to Farmer Brown's resting site. Some may see the bird as a small, helpless creature, but for Farmer Smith, the bird helped to fill a void for his remaining years.

Farmář Smith byl laskavý starý muž. Vedl místní farmu a ovocný sad. Jednoho dne, zatímco venku sklízel **kukuřici**, přibelhal se pták a posadil se vedle něj. Farmář Smith si všiml, že ubohý pták má zlomené křídlo, takže posbíral své zásoby a schoval ptáka v jednom ze svých košů. Pták nemohl létat a byl bezmocný, tak se farmář Smith rozhodl, že o něj bude pečovat, než se úplně uzdraví. Použil malý kousek **kůry**, aby obvázal zlomené křídlo. Každý den farmář Smith vzal ptáka na procházku a oba se opírali o **kmen** starého **dubu** na okraji pozemku. Farmář rád vyprávěl ptákovi vše o různých **rostlinách** na jeho farmě. Vyprávěl o **borovicích**, které lemovaly jeho majetek. Tyto **stromy** byly dokonalé vánoční stromky. Vyprávěl o květinách, které rostly divoce u jezera, vysvětlil, jak začaly jako semínko, a pak vyrostly do cibulky, pak nakonec v krásnou květinu. Byli tak barevné a živé; připomínaly farmáři jeho ženu. Každý den jí nosil **růže**, aby je dala na jídelní stůl. Jeho manželka byla úžasná kuchařka, vařila cokoliv, co farmář vypěstoval; **dýně, hrušky, jablka, zelí**, a mnoho dalších. Způsob, jakým používala **bylinky** byl kouzelný! Ptáček rád poslouchal historky o farmářově ženě, jen slyšet o ní mu přinášelo pohodlí. Jednoho dne, když farmář byl venku **obdělávat půdu**, uslyšel tichý zvuk, který se k němu přibližoval; otočil se a viděl, že to je malý ptáček, o kterého se staral. Naučil se znovu létat! Farmář se rozhodl, že je čas, aby pták odešel žít znovu do **lesa**. Byl dost silný a připravený přežít na vlastní pěst. Byl to smutný den, ale farmář vzal ptáka do **listnatého lesa** a pustil jej. Jednoho dne, brzy na jaře si farmář všiml ptáka na svém okenním parapetu. Nemohl uvěřit svým očím, to bylo stejný pták. Byl tak rád, že znovu viděl ptáčka, protože mu připomínal jeho manželku. Nyní, každé jaro, pták přilétá na návštěvu farmáře. On a pták do dotyčné starého **dubu** a farmář Smith vypráví nový příběh o jeho manželce. Já nevím, co se stalo s tím ptákem, ale navštěvoval farmáře každý rok, než farmář zemřel. Dokonce navštívil jeho parapet v nemocnici rok předtím, než zemřel. Nikdo nikdy neviděl, že by se to stalo, ale já vím, že pták přináší jednu **růži** na místo odpočinku farmáře Browna. Někteří mohou vidět ptáka jako malého, bezmocného tvora, ale farmáři Smithovi, ptáček pomohl zaplnit mezeru v jeho zbývajících letech.

7) Meeting Each Other
7) Setkávání se

Greetings/Introductions:
Pozdravy/ Představení se

Good morning
Dobré ráno

Good afternoon
Dobré odpoledne

Good evening
Dobrý večer

Good night
Dobrou noc

Hi
Ahoj

Hello
Ahoj

Have you met (name)?
Už znáš/ znáte (jméno)?

Haven't we met?

Nepotkali jsme se už?

How are you?

Jak se máš/ máte?

How are you today?

Jak se dnes máš/ máte?

How do you do?

Jak se ti/ Vám daří?

How's it going?

Jak to jde?

I am (name)

Já jsem (jméno)

I don't think we've met.

Nemyslím, že se známe.

It's nice to meet you.

Rád tě/ Vás poznávám.

Meet (name)

Seznam se s (jméno)

My friends call me (nickname)

Přátelé mi říkají (přezdívka)

My name is (name)
Moje jméno je (jméno)

Nice to meet you
Rád tě/ Vás poznávám.

Nice to see you again.
Rád tě/ Vás zase vidím.

Pleased to meet you.
Jsem potěšen, že tě/ Vás zase vidím.

This is (name)
Tohle je (jméno)

What's your name?
Jak se jmenuješ/ jmenujete?

Who are you?
Kdo jsi/ jste?

Greeting Answers
Odpovědi na pozdrav

Fine, thanks
Dobře, děkuji

I'm exhausted
Jsem vyčerpaný

I'm okay
Jsem v pořádku

I'm sick
Je mi špatně

I'm tired
Jsem unavený

Not too bad
Jde to

Not too well, actually
Vlastně ne moc dobře

Very well
Velmi dobře

Saying Goodbye
Rozloučení se

Bye
Ahoj

Good bye
Nashledanou/ Sbohem

Good night
Dobrou noc

See you
Na*viděnou*

See you later
Uvidíme se poz*ději*

See you next week
Na*viděnou příští týden*

See you soon
Br*zo naviděnou*

See you tomorrow
Na*viděnou zítra*

Courtesy
Zdvořilostní fráze

Excuse me
Pro*miňte/ S dovolením*

Pardon me
Pro*miňte/ Pardon*

I'm sorry
O*mlouvám se*

Thanks
Dí*ky*

Thank you

***Dě**kuji*

You're welcome

Není zač

Special Greetings
Zvláštní pozdravy

Congratulations

***Gra**tuluji*

Get well soon

***Br**zo se uzdrav*

Good luck

***Hod**ně štěstí*

Happy New Year

***Šťast**ný Nový Rok*

Happy Easter

***Veselé Ve**likonoce*

Merry Christmas

***Veselé Vá**noce*

Well done

***To** se ti **po**vedlo*

Related Verbs
Související slovesa

to greet
***po**zdravit*

to meet
***pot**kat/ **sez**námit se*

to say
***ří**ci*

to shake hands
***po**třást si **ru**kama*

to talk
***mlu**vit*

to thank
***po**děkovat*

This is the story of a man named Pop. He just started a new job as a greeter at the local discount store. His son was so proud, he gave him a card that said, "**Congratulations**". He is a little nervous because he has never been a store greeter before. Throughout the day, there are so many customers going in and out of the store, sometimes Pop forgets what he should say. "**Pleased to meet you**" or "**Can I help you out?**" are good options for being polite. His manager assured him, saying,

"You will be just fine, so don't worry." He begins the work day with a smile on his face, but by the end of the day, his smile is erased. "**Good morning,**" he says with a smile to the nice lady walking down the produce aisle. "**How are you doing?**" asked Pop, but she must not have heard him, because she didn't stop to say **hello**. "Hmm", said Pop, I guess she didn't hear me because a polite person would have said something like, '**Fine, how are you?**' or '**I'm fine, thank you.**' Next there was man with a bushy white beard, he looked very friendly and kind. Pop greeted him politely and said, "**Happy New Year!**" The man just grunted and went on his way, I guess he wasn't friendly after all. Pop replied, "**Have a good day**!" The next several customers were polite and spoke to him. Some of the customers said, "**How do you do?**" and one said, "**My name is Jim. What is your name?**" As the day went on, Pop got really tired and his **greetings** were losing not seeming as effective as earlier in the day. His manager was upset, but gave him another chance. He warned Pop that just saying "**Hi**" or "**Hello**" wasn't enough for the friendly environment our customers are used to. "If you want to make a good impression, you have to be polite. You can say something like, '**Merry Christmas**' or '**Good day to you, sir**', but please be nice to everyone you meet. Finally, as the end of the day was nearing, Pop was very happy to finally be able to say, "**Good night**." He went home without his smile, but said tomorrow is a new day and I will make sure to smile for everyone.

Toto je příběh o muži jménem Pop. Zrovna začal novou práci jako vítač v místním diskontu. Jeho syn byl na něho tak pyšný, že mu dal pohled, na kterém stálo: „**Gratuluji**". Je trochu nervozní, protože takovou práci předtím nikdy nedělal. Během dne přichází a odchází tolik zákazníků, že Pop někdy zapomene, co má říkat. „**Rád Vás poznávám**" nebo „**Mohu Vám pomoci ven?**" jsou dobré fráze, jak být zdvořilý. Jeho manažer ho ujistil tak, že řekl: „Bude to v pořádku, nedělej si starosti." Pracovní den začíná s úsměvem na tváři, ale na konci dne je úsměv pryč. „**Dobré ráno**"říká s úsměvem hezké ženě procházející uličkou „**Jak se Vám daří?**"zeptal se Pop, nejspíše ho neslyšela, protože se ani nezastavila, aby řekla **ahoj.** „Hm"řekl Pop, myslím, že mě neslyšela, protože slušný člověk by řekl něco jako „**Dobře, jak se máte?**" nebo „**Mám se dobře, děkuji.**" Déle tam byl muž s hustým bílým plnovousem, vypadal velmi přátelsky a laskavě. Pop ho slušně pozdravil a řekl, „**Šťastný Nový rok!**" Muž jen zabručel a pokračoval v cestě, myslím, že nebyl vůbec přátelský. Pop odpověděl, „**Hezký den!**" Několik dalších zákazníků bylo zdvořilých a mluvilo s ním. Někteří se zeptali, „**Jak se máte?**" a jeden řekl, „**Mé jméno je Jim, jak se jmenujete Vy?**" Jak den plynul, Pop byl velmi unavený a jeho **pozdravy** se ztrácely a neměly takový efekt jako na počátku dne. Jeho manažer byl rozrušený, ale dal mu další šanci. Upozornil Popa, že pouze „**Ahoj**"nestačí pro přátelské prostředí, na které jsou naši zákazníci zvyklí. „Jestli chceš udělat dobrý dojem, musíš být zdvořilý. Můžeš říkat něco jako „**Šťastné a veselé**" nebo „**Dobrý den pane**", ale prosím buď zvořilý ke každému, koho potkáš." Nakonec, jak se blížil konec dne, Pop byl velmi šťastný, když mohl říct „**Dobrou noc**". Šel domů bez úsměvu, ale řekl si, že zítra je nový den a určitě se na každého bude usmívat.

8) House
8) Dům

air conditioner
kli matizace

appliances
spotřebiče

attic
půda / podkroví

awning
markýza

backyard
zadní dvorek

balcony
balkon

basement
sklep

bathroom
koupelna

bath tub
*va*na

bed
*pos*tel

bedroom
*lož*nice

blanket
*při*krývka

blender
*mi*xér

blinds
*ža*luzie

bookshelf/bookcase
*kni*hovna

bowl
*mí*sa

cabinet
*skříň*ka

carpet
*ko*berec

carport
přístřešek pro auto

ceiling
strop

cellar
sklep

chair
židle

chimney
komín

clock
hodiny

closet
šatník/ skříň

computer
počítač

couch
sedačka/ gauč

counter
linka

crib
postýlka

cupboard
kredenc

cup
šálek

curtain
závěs

desk
stůl

dining room
jídelna

dishes
nádobí

dishwasher
myčka nádobí

door
dveře

doorbell
domovní zvonek

doorknob
dveřní koule

doorway
průchod

drapes
závěsy

drawer
zásuvka/ šuplík

driveway
příjezdová cesta

dryer
sušička

duct
potrubí

exterior
exteriér

family room
rodinný pokoj

fan
větrák

faucet
***vo**dovodní **ko**houtek*

fence
***p**lot*

fireplace
***k**rb*

floor
***pod**laha*

foundation
***zá**klad*

frame
***r**ám*

freezer
***mra**zák*

furnace
***p**ec*

furniture
***ná**bytek*

garage
***ga**ráž*

garden
*za*hrada

grill
*g*ril

gutters
*o*kapy

hall/hallway
*ha*la

hamper
*k*oš s *ví*kem

heater
*ka*mna

insulation
*i*zolace

jacuzzi tub
*vý*řivka

key
*k*líč

kitchen
*ku*chyně

ladder
žebřík

lamp
lampa

landing
odpočívadlo/ podesta

laundry
prádlo/ prádelna

lawn
trávník

lawnmower
sekačka

library
knihovna

light
světlo

linen closet
skříň na prádlo

living room
obývací pokoj

lock
zámek

loft
půda/ podkroví

mailbox
poštovní schránka

mantle
přikrývka

master bedroom
hlavní ložnice

microwave
mikrovlnná trouba

mirror
zrcadlo

neighborhood
sousedství

nightstand
noční stolek

office
kancelář

oven
trouba

painting
malba

paneling
obložení

pantry
spíž

patio
terasa

picnic table
piknikový stolek

picture
obraz

picture frame
rám obrazu

pillow
polštář

plates
talíře

plumbing
potrubí

pool
bazén

porch
veranda

queen bed
dvoulůžko

quilt
přehoz

railing
zábradlí

range
sporák

refrigerator
lednice

remote control
dálkové ovládání

roof
střecha

room
*po*koj

rug
*ko*bereček

screen door
*sí*ťové *dve*ře

shed
*pří*střešek

shelf/shelves
*po*lice/ *po*lice

shingle
*šin*del

shower
*spr*cha

shutters
*ža*luzie/ *o*kenice

siding
*ob*klad

sink
*dř*ez

sofa
sedačka

stairs/staircase
schody/ schodiště

step
schod

stoop
venkovní schodiště

stove
sporák

study
pracovna/ studovna

table
stůl

telephone
telefon

television
televizor

toaster
toustovač

toilet
toaleta

towel
ručník

trash can
popelnice

trim
zastřihnutí

upstairs
nahoře

utility room
užitková místnost

vacuum
vysávat

vanity
toaletní stolek

vase
váza

vent
průduch

wall
zeď

wardrobe
šatní skříň/ šatna

washer/washing machine
pračka

waste basket
odpadkový koš

water heater
ohřívač vody

welcome mat
rohožka

window
okno

window pane
okenní tabule

window sill
okenní parapet

yard
dvorek

Mike and Linda just bought their first **house**. It is a not a large house, but it is very cozy. It is in a very nice **neighborhood** and has a cute, well-manicured **lawn**. It has a small front **porch**, which will be nice to relax on in the evenings after work. The **exterior** is light blue with a dark blue **door** and **shutters**. It has a nice size **garage** that is big enough for both of their cars and a small **shed** out back for their **lawnmower**. The **backyard** is small, but has a cute little swing set. One day, maybe they will have kids to enjoy it. The **living room** is very spacious and is beautifully decorated in greens and blues. The **walls** are painted light blue and the **curtains** are patterned green and blue. The **couch** and **chair** are very comfortable and roomy enough for the few guests they may have on occasion. Mike is very excited about the new **television** they had installed on the **wall** above the **fireplace**. The **kitchen** is small, yet functional. It has a **refrigerator**, a **dishwasher,** an **oven**, and a built-in **microwave.** There is not much storage, so Linda will have to be very organized. The **walls** are painted yellow and it has a nice floral border. Linda did not pick it out, but it suits her taste well. The **house** has three **bedrooms**, which gives their family room to grow. The **master bedroom** is big enough to fit their **queen bed**, two **nightstands**, and a **dresser**. Linda has already picked out **curtains** to match the bedding. The **walls** are painted beige, but Linda thinks she can brighten the **room** with other decor. Linda's favorite part of the house is the master **bathroom**; it has a **jacuzzi tub** and she can't wait to try it out. It also has a separate **shower** and a double **vanity**. Mike works from home, so he plans to use one of the other, even smaller **bedrooms** as a home **office**. There is not a lot of space, but enough for his **desk, computer**, and a **bookshelf**. The back **porch** is nice and has a charcoal **grill** and a **picnic table**. Mike loves to cook on the **grill**, so it will be put to good use. They will need to get a **washing machine** and **dryer** for the **laundry room,** it is small, but it has a **sink**, which is very helpful when washing clothes. Overall, Mike and Linda picked out an excellent first home. It fits their budget, as well as their taste perfectly!

Mike a Linda si právě koupili svůj první **dům**. Není to velký dům, ale je velmi útulný. Je ve velmi dobré **čtvrti** a má roztomilý, dobře udržovaný **trávník**.Má malou přední **verandu**, na které se bude příjemně relaxovat večer po práci. **Exteriér** je světle modrý s tmavými **dveřmi** a **okenicemi**. Má příjemně velkou **garáž**, která je prostorná pro obě jejich auta a malý **přístřešek** vzadu na **sekačku**.Zadní dvorek je malý, ale má roztomilou houpačku. Jednoho dne možná budou mít děti, které si ji budou užívat. **Obývací pokoj** je velmi prostorný a krásně vyzdobený v zelené a modré. **Zdi** jsou vymalovány svetle modrou a **závěsy** mají zelené a modré vzory. **Sedačka** a **židle** jsou velmi pohodlné a dost velké i pro návštevy, které mohou přijít. Mike je nadšený z nové **televize**, kterou nainstalovali na **stěnu** nad **krb**. **Kuchyně** je malá, ale funkční. Má **lednici, myčku na nádobí, troubu** a vestavěnou **mikrovlnnou troubu**. Není zde moc úložného prostoru, tekže Linda bude muste být velmi organizovaná. **Zdi** jsou vymalovány na žluto a mají pěknou květinovou linku. Linda si to nevybrala, ale je to podle jejího vkusu. Dům má tři **ložnice**, které dávají rodině prostor růst. **Hlavní ložnice** je dostatečně velká, aby se sem vešla jejich **mažfelská postel**, dva **noční stolky** a **komoda**. Linda už vybrala **závěsy**, které se hodí k posteli. Stěny jsou béžové, ale Linda si myslí, že může **místnost** rozjasnit další dekorací. Lindinou nejoblíbenější částí domu je hlavní **koupelna**, která má **vířivou vanu** a ona se nemůže dočkat, až ji vyzkouší. Má také oddělenou **sprchu** a dvojitý **toaletní stolek**. Mike pracuje z domova a tak plánuje použít jednu menší **ložnici** jako domácí **kancelář**. Není zde mnoho místa, ale stačí pro jeho **pracovní stůl, počítač** a **knihovnu**. Zadní **veranda** je pěkná a má **gril** na uhlí a **piknikový stůl**. Mike rád vaří na **grilu** a tak bude gril dobře využit. Budou muset koupit **pračku** a **sušičku** do **prádelny**, která je malá, ale má **dřez**, který je užitečný, když se pere. Lze říci, že Mike a Linda si vybrali skvělý první dům. Odpovídá jejich rozpočtu a jejich vkusu skvěle!

9) Arts & Entertainment
9) Umění a zábava

3-D
3D

action movie
*ak*č*ní film*

actor/actress
*he*rec/*he*rečka

album
*al*bum

alternative
*al*ternativní

amphitheater
*am*fiteátr

animation
*a*nimace

artist
*u*mělec

audience
*pu**blikum*

ballerina
*ba**letka*

ballet
*ba**let*

band
*sku**pina*

blues
*b**lues*

caption
*ti**tulek*

carnival
*kar**neval*

cast
*ob**sazení*

choreographer
*cho**reograf*

cinema
*ki**no*

classic
*kla*sika

comedy
*ko*medie

commercial
*re*klama

composer
*skla*datel

concert
*kon*cert

conductor
*di*rigent

contemporary
*sou*časný

country
*coun*try

credits
*zá*věrečné *ti*tulky

dancer
*ta*nečnice/*ta*nečník

director
režisér

documentary
dokument

drama
drama

drummer
bubeník

duet
duet

episode
epizoda

event
událost

exhibit
vystavovat

exhibition
výstava

fair
fér

fantasy
fantasy

feature/feature film
celovečerní film

film
film

flick
film

folk
folk

gallery
galerie

genre
žánr

gig
vystoupení

group
skupina

guitar
kytara

guitarist

kytarista

hip-hop

hip-hop

horror

horor

inspirational

inspirativní

jingle

reklamní slogan

legend

legenda

lyrics

text k písni

magician

kouzelník

microphone

mikrofon

motion picture

film

movie director
filmový režisér

movie script
filmový scénář

museum
muzeum

music
hudba

musical
muzikál

musician
hudebník

mystery
záhada

new age
nový věk

opera
opera

opera house
opera(budova)

orchestra
orchestr

painter
malíř

painting
malba

parade
průvod

performance
vystoupení

pianist
pianista

picture
obraz

play
hra

playwright
dramatik

pop
pop

popcorn
popcorn

producer
producent

rap
rap

reggae
reggae

repertoire
repertoár

rock
rock

role
role

romance
romance

scene
scéna

science fiction
Sci-fi

sculpter
*so*chař

shot
*na*táčet

show
*vý*stava

show business
*zá*bavní **prů**mysl

silent film
němý film

singer
zpěvák

sitcom
*sit*kom

soloist
*só*lista

song
*s*ong/ **pí**seň

songwriter
*tex*tař

stadium
stadion

stage
pódium

stand-up comedy
vystoupení na stojáka

television
televize

TV show
TV-show

theater
divadlo

understudy
náhradník

vocalist
vokalista

violinist
houslista

Mark Jones is a **legend** in **show business**. His career has been nothing less than amazing. He is an award-winning **actor**, **director**, and **producer** of **film** and **television**. Jones was born in West Central, California. His mother was a teacher and his father was a police officer. He came from humble beginnings and built his career from the bottom up. As a boy, he loved to be the center of attention; he either had a **microphone** in his hand or a **guitar** over his shoulder. He was a very talented **musician** and it seemed he was headed on a path towards becoming a **singer**. He is a talented **songwriter** as well. Few people know that he released his first and only **album** when he was just 16 years old. It was a **pop album**, but It didn't have much success. That didn't stop him from finding his purpose. He also tried **stand-up comedy**. He always drew large crowds, but he knew that wasn't what he was called to do. When he was in his early twenties, he decided to try out for the local community **musical**. He was amazing in his **role** and that is when he made the decision to try acting and he has never looked back! His acting career took off fast. He got his start on a **sitcom** called *Best Friends.* That show was very popular and aired for eight full seasons. It was the beginning of Jones' long and successful and career. He went on to star in several **feature films,** such as *The Dollar*, *Money Maze*, and *Backyard Boys*, just to name a few. There were a few flops in his career, but that didn't stop him. He has starred in many different **genres** of films; proving his versatility as an **actor**. He has played in **dramas**, **comedies**, and **documentaries**. He has also won multiple major awards for his acting. As time went on, he decided to try **directing films**. He was amazing as a **director** and won awards for his work with **feature films**, such as *The Child* and *End of All*. But that wasn't enough for Mark; he became a **producer** and to no surprise, was very successful. His **films** have been wildly successful and it makes everyone wonder where he will go next. It is safe to call Mark Jones a mega-**star**. He has not only been successful in every **entertainment** venture he has attempted, he has also been successful with his family. He has been married to his wife for twenty-five years, which is a rarity in show business.

Mark Jones je **legendou** v **showbyznysu**. Jeho kariéra je úžasná. On je oceněný **herec**, **režisér** a **televizní** a **filmový producent**. Jones se narodil ve West Central v Kalifornie. Jeho matka byla učitelka a otec byl policista. Pocházel ze skromných poměrů a svou kariéru si zcela vybudoval. Jako chlapec miloval být středem pozornosti; buď měl **mikrofon** v ruce, nebo **kytaru** přes rameno. Byl to velmi talentovaný **muzikant** a zdálo se, že mířil k cestě stat se **zpěvákem**. Jetaké talentovaný **skladatel**. Málokdo ví, že vydal své první a jediné **album,** když mu bylo pouhých 16 let. Bylo to **popové album**, ale to nemělo mnoho úspěchu. To mu však nezabránilo najít svůj účel. Také se pokusil o **stand-up komedii**. Vždycky přitáhl davy lidí, ale věděl, že to není to, k čemu směřoval. Když mu bylo něco přes dvacet, rozhodl se vyzkoušet místní komunitu **muzikálu**. Byl úžasný ve své roli, a to je moment, kdy se rozhodl že vyzkouší herectví, a nikdy se neohlédl! Jeho herecká kariéra rychle odstartovala. Začínal na **situační komedii** s názvem Best Friends. Tato show byla velmi populární a vysílala se osm celých sezón. To byl začátek Jonesovy dlouhé a úspěšné kariéry. Pokračoval v účinkování v několika **celovečerních filmech**, jako je Dolar, Money Maze a Backyard Boys, abychom jmenovali alespoň některé. V jeho kariéře bylo několik propadáků, ale to ho nijak nezastavilo. Hrál v mnoha různých filmových **žánrech**; kde prokázal svou všestrannost jako **herec**. Hrál v **dramatech, komediích** a **dokumentárních filmech**. Také vyhrál několik významných ocenění za herectví. Jak šel čas, rozhodl se zkusit **režii filmů**. Byl úžasný jako **režisér** a získal ocenění za svou práci na **celovečerních filmech**, jako je Dítě a Konec všeho. Ale to Markovi nestačilo; stal se **producentem** a nebylo překvapením, že byl velmi úspěšný. Jeho filmy byly úspěšné, a každého zajímá, co bude dělat dál. Můžeme nazvat Marka Jonese mega-**hvězdou**. On je nejen úspěšný v každém **zábavním** podniku, má take úspěch se svou rodinou. Je ženatý pětadvacet let, což je v showbyznysu rarita.

10) Games and Sports
10) Hry a sporty

ace	
eso	
amateur	
amatér	
archery	
lukostřelba	
arena	
aréna	
arrow	
šíp	
athlete	
atlet	
badminton	
badminton	
ball	
míč	

base
***pod**stavec*

baseball
***ba**seball*

basket
***ko**š*

basketball
***ko**šíková/**bas**ketball*

bat
***pál**ka*

bicycle
***jízd**ní **ko**lo*

billiards
***bi**lliard*

bow
***l**uk*

bowling
***bow**ling*

boxing
***bo**xování*

captain
kapitán

champion
šampion

championship
šampionát

cleats
kopačky

club
klub

competition
soutěž

course
hřiště

court
kurt

cricket
kriket

cup
pohár

curling
*cur*ling

cycling
*cy*klistika

darts
*šip*ky

defense
*o*brana

diving
*po*tápění

dodgeball
*vy*bíjená

driver
*ři*dič

equestrian
*jez*dec

event
*u*dálost

fan
*fa*noušek

fencing
šerm

field
hřiště

figure skating
krasobruslení

fishing
rybaření

football
fotbal

game
hra

gear
výstroj

goal
gól/ branka

golf
golf

golf club
golfová hůl

gym
tělocvična

gymnastics
gymnastika

halftime
poločas

helmet
helma

hockey
hokej

horse racing
dostihy

hunting
lovení

ice skating
bruslení

inning
směna v basebalu

jockey
žokej

judo
judo

karate
karate

kayaking
jízda v kajaku

kickball
kickball

lacrosse
lakros

league
liga

martial arts
bojová umění

mat
žíněnka

match
zápas

medal
medaile

net
síť

offense
útok

Olympic Games
Olympijské hry

pentathlon
pětiboj

pitch
hřiště

play
hrát

player
hráč

polo
pólo

pool
bazén

pool cue
tágo

professional
profesionál

puck
puk

quarter
čtvrtina

race
závod

race car
závodní auto

racket
raketa

record
rekord

referee
rozhodčí

relay
štafeta

riding
jezdectví

ring
*o*kruh

rink
*r*ing

rowing
*ves*lování

rugby
*rug*by

running
*bě*žectví

saddle
*se*dlo

sailing
*plach*tění

score
*skó*re

shuffleboard
*shu*ffleboard

shuttle cock
*bad*mintonový míček

skates
*bru*sle

skating
*bru*slení

skiing
*ly*žování

skis
*ly*že

soccer
*fot*bal

softball
*soft*bal

spectators
*div*áci

sport
*s*port

sportsmanship
*spor*tovní *chov*ání

squash
*s*quash

stadium

stadion

surf

surf

surfboard

surfové prkno

swimming

plavání

table tennis/ping pong

stolní tenis/ping pong

tag

tag

team

tým

tennis

tenis

tetherball

tetherball

throw

hodit

track
dráha

track and field
víceboj

volleyball
volejbal

water skiing
vodní lyžování

weight lifting
vzpírání

whistle
píšťalka

win
vyhrát

windsurfing
windsurfing

winner
vítěz

wrestling
wrestling

Related Verbs
Související slovesa

to catch
chy*tit*

to cheat
pod*vádět*

to compete
sou*těžit*

to dribble
dri*blovat*

to go
jít

to hit
u*deřit*

to jump
ská*kat*

to kick
ko*pat*

to knock out
knok*autovat*

to lose
*pro*hrát

to play
*h*rát

to race
*zá*vodit

to run
*bě*hat

to score
*skó*rovat

to win
*vy*hrát

Sports are an important part of our culture and have been throughout all history. Men specifically, are drawn to **sports** because of their competitive nature. From the time they are four or five years old, little boys are playing **sports** such as **baseball, soccer**, and **basketball**. They grow up to be men and their competitive nature grows with them. Contact **sports**, such as American **football, dodgeball, boxing, hockey**, and **wrestling** are popular among men because of their competitiveness. Women also enjoy **sports**, but usually prefer **sports** with less contact, such as **tennis, figure skating, gymnastics**, and **swimming**. In recent years, women are participating in more contact **sports** than ever before. Even retirees enjoy playing **sports, games** such as **golf** and **shuffleboard** are popular among the older crowd. Not only do people enjoy playing **sports**, they love to watch **sports** as well. Wherever you travel, you are sure to see a **fan** or two dressed in their favorite **team** colors. **Sports fan** merchandise is a huge industry. **Sports fans** spend a lot of money every year to buy **tickets** to events to cheer on their **team**. The most popular sporting **event** in the world is the **Olympic Games**. Most **athletes** dream of becoming an **Olympic medalist**. Although, there are some similarities, the **event** has changed quite a bit over the years. The **Olympics** have a rich history and began in Greece. **Sports** played an important role in Greek culture; playing a part in religious festivals as well as used as training for the Greek military. The **Olympics** began as a festival of **sporting events** that was very popular among the people; there were over 30 thousand **spectators** in attendance. The Greeks competed in **track and field events**, such as **running, javelin, long jump, discus**, just to name a few. The also **wrestled** and had **boxing matches**. The most popular event was the **pentathlon**, which included five **events**: the **long jump, javelin, discus**, a foot **race**, and **boxing**. The **Olympic Games** and the **sports** involved have changed since that first **event**. Today's **Olympic Games** are held in a different city each year. Over 10 thousand **athletes** compete in over 300 **events**! Some of the sports in the Modern **Olympic Games** are **archery, diving, basketball, cycling, volleyball, boxing**, and the modern **pentathlon** which includes **fencing, swimming,** show jumping **(equestrian)**, pistol **shooting**, and a cross country **run.**

Sport je a byl důležitou součástí naší kultury v průběhu celé historie. Muži konkrétně, jsou přitahováni **sportem**, díky své soutěživé povaze. Od okamžiku, kdy je jim čtyři nebo pět let, malí kluci hrají **sporty**, jako je **baseball, fotbal, a basketbal**. Vyrostou z nich muži a jejich soutěživá povaha roste s nimi. Kontaktní **sporty**, jako je **americký fotbal, vybíjená, box, hokej,** a **wrestling** jsou populární mezi lidmi, díky jejich soutěživosti. Ženy take baví **sport**, ale obvykle preferují **sport** s menším kontaktem, jako je **tenis, krasobruslení, gymnastika** a **plavání**. V posledních letech se ženy účastní více kontaktních **sportů,** než kdy předtím. Dokonce i důchodci si užívají sport, **hry,** jako je **golf** a **shuffleboard** jsou populární mezi staršími. Nejen, že lidi baví dělat **sport**, take je baví dívat dívat se na **sport**. Kamkoliv budete cestovat, uvidíte jednoho nebo dva **fanoušky** v barvách svého oblíbeného **týmu**. Zboží pro **fanoušky sportu** je obrovský průmysl. **Sportovní fanoušci** každý rok utratí spoustu peněz za **vstupenky** na akce, kde fandí svým **týmům**. Nejoblíbenější sportovní událostí na světě jsou **Olympijské hry**. Snem většiny **atletů** je stát se **olympijským medailistou**. I když jsou zde některé podobnosti, událost se v průběhu let změnila jen málo. **Olympijské hry** mají bohatou historii a začaly v Řecku. Sport hrál důležitou roli v řecké kultuře; hrál roli při náboženských festivalech, stejně jako trénink pro řecké armády. **Olympiáda** začala jako festival **sportovních akcí,** který byl velmi populární mezi lidmi; účastnilo se více než 30 tisíc diváků.

Řekové soutěžili v **atletických disciplínách**, jako je **běh, hod oštěpem, skok do dálky, hod diskem**, abychom jmenovali alespoň některé. Také **zápasili** a měli **boxerské zápasy**. Nejoblíbenější akcí byl **pětiboj**, který zahrnoval pět **disciplín: skok do dálky, hod oštěpem, hod diskem, pěší závod,** a **box**. **Olympijské hry** a **sporty** se od prvních her změnily. Dnešní **Olympijské hry** se konají v jiném městě každý rok. Více než 10 tisíc sportovců soutěží ve více než 300 **disciplínách**! Některé z těchto sportů na moderních **Olympijských hrách** jsou **lukostřelba, potápění, basketbal, jízda na kole, volejbal, box,** a **moderní pětiboj,** který zahrnuje **šerm, plavání,** parkur **(jezdectví), střelbu z pistole, a běžkařskou trať**.

11) Food
11) Jídlo

apple
*ja*blko

bacon
*sla*nina

bagel
*ba*geta

banana
*ba*nán

beans
*fa*zole

beef
*ho*vězí

bread
*ch*léb

broccoli
*bro*kolice

brownie
*brow*nie

cake
*ko*láč

candy
*bon*bon

carrot
*mr*kev

celery
*ce*ler

cheese
*sý*r

cheesecake
*tva*rohový *ko*láč

chicken
*ku*ře

chocolate
*čo*koláda

cinnamon
*sko*řice

cookie
sušenka

crackers
suchary

dip
dip

eggplant
lilek

fig
fík

fish
ryba

fruit
ovoce

garlic
česnek

ginger
zázvor

ham
šunka

herbs

*by*linky

honey

*m*ed

ice cream

*zmrz*lina

jelly/jam

*d*žem

ketchup

*ke*čup

lemon

*cit*ron

lettuce

*sa*lát

mahi mahi

*ma*hi mahi(ryba)

mango

*man*go

mayonnaise

*ma*jonéza

meat
maso

melon
meloun

milk
mléko

mustard
hořčice

noodles
nudle

nuts
ořechy

oats
oves

olive
oliva

orange
pomeranč

pasta
těstoviny

pastry
pečivo

pepper
pepř/paprika

pork
vepřové

potato
brambor

pumpkin
dýně

raisin
rozinka

sage
šalvěj

salad
salát

salmon
losos

sandwich
sendvič

sausage
párek

soup
polévka

squash
dýně

steak
steak

strawberry
jahoda

sugar
cukr

tea
čaj

toast
toast

tomato
rajče

vinegar
ocet

vegetables
zelenina

water
voda

wheat
pšenice

yogurt
jogurt

Restaurants and Cafes
Restaurace a kavárny

a la carte
podle jídelníčku

a la mode
podle poslední módy

appetizer
předkrm

bar
bar

beverage
nápoj

bill
účet

bistro
bistro

boiled bowl
miska

braised
dušené

breakfast
snídaně

brunch
brunch

cafe/cafeteria
kavárna

cashier
pokladní

chair
židle

charge
účtovat

check
šek

chef
šéfkuchař

coffee
káva

coffee shop
kavárna/bufet

condiments
ochucovadla

cook
kuchař

courses
chody

credit card
kreditní karta

cup
šálek

cutlery
příbor

deli/delicatessen
lahůdky

dessert
dezert

dine
večeřet

diner
stolovník

dinner
večeře

dish
pokrm/miska

dishwasher
myčka nádobí

doggie bag
sáček se zbytky jídla

drink
drink

entree
předkrm

food
jídlo

fork
vidlička

glass
sklenice

gourmet
gurmán

hor d'oeuvre
předkrm

host/hostess
hostitel/ka

knife
nůž

lunch
oběd

maitre d'
maitre d´

manager
manažer

menu
menu

mug
hrnek

napkin
ubrousek

order
objednat/objednávka

party
párty

plate
talíř

platter
podnos

reservation
rezervace

restaurant
restaurace

saucer
podšálek

server
obsluha

side order
příloha

silverware
stříbrné příbory

special
speciální

spoon
lžíce

starters
předkrmy

supper
večeře

table
stůl

tax
daň

tip
spropitné

to go

*s se*bou

utensils

*ná*dobí

waiter/waitress

*číš*ník/*číš*nice

Related Verbs
Související slovesa

to bake

*p*éct

to be hungry

*m*ít hlad

to cook

*va*řit

to cut

*krá*jet

to drink

*p*ít

to eat

*j*íst

to eat out
Jíst venku(v restauracij

to feed
krmit

to grow
růst

to have breakfast
snídat

to have lunch
obědvat

to have dinner
večeřet

to make
dělat

to order
objednat

to pay
zaplatit

to prepare
připravit

to request	
vyžádat	

to reserve	
rezervovat	

to serve	
podávat	

to set the table	
prostřít stůl	

to taste	
ochutnat	

John and Mary have been dating for quite some time now. Next week is their two year anniversary and John wants to make it really special. Mary really enjoys a nice **steak dinner** out, so John is going to make **reservations** at her favorite **restaurant**. She will be so surprised because they haven't eaten there in a while and she just loves their **salad** and **bread**. John calls and speaks to the **manager** ahead of time to set up the **reservation.** Finally, the day arrives and John picks Mary up at her home. She still doesn't know where they are going, but is excited for the surprise. "Where are we going? Mary asked. "I told you, it's a surprise!" said John. So Mary begins trying to guess where their surprise destination is. "Is it our favorite **diner**? I love the laid back atmosphere and the **waitress** is so nice." "Is it the **coffee shop** on the corner? You know how much I love **coffee**." They arrive at the **restaurant** and she squeals with delight at the thought of the **cheesecake** that they serve for **dessert** . The **host** greets them at the door and promptly seats them at their favorite **table** near the **bar**. It is a quiet little corner of the **restaurant**. The server greets them, lays a **napkin** and **silverware** on their **table**, and then takes their **drink order**. She offers them an **appetizer** while they wait. When the **server** returns, she begins to tell the couple about the daily **specials**. "We'll have two of your best steak **dinners**." John said, "Nothing but the best for my girl!" They are really enjoying their **gourmet meal** and the conversation is great, as always. I think we should have **dessert** for this special night. John tells the **server** that they would like a **brownie a la mode t**o share. The server brings the delicious brownie on a **plate** with two **spoons**. John and Mary both look at the **dessert** and decide they do not have room to eat it. "I think we will need that **to-go**," said Mary. While waiting for the server to pack up their **doggie bag**, John surprised Mary by getting down on his knee to propose! The whole **restaurant** was clapping; even the **dishwasher** and **cooks** came out to congratulate the couple. What a wonderful second anniversary this turned out to be for the happy couple. Now, every year on their anniversary, they **dine** at their favorite **restaurant** to celebrate such a wonderful evening.

John a Mary spolu již nějakou dobu chodí. Příští týden je dvouleté výročí a John chce, aby bylo opravdu zvláštní. Mary si ráda dává k **večeři** steak, takže John se chystá udělat **rezervaci** v její oblíbené **restauraci**. Bude tak překvapená, protože už tam nějakou dobu nebyla a prostě miluje jejich **salát** a **chléb**. John volá a mluví předem s **manažerem**, aby zajistil **rezervaci**. Konečně přichází ten den a John vyzvedne Mary u ní doma. Pořád neví, kam jdou, ale je nadšená z překvapení. "Kam jdeme? Zeptala se Mary. "Říkal jsem ti, že je to překvapení," řekl John. Takže Mary se snaží uhodnout, jaké je místo překvapení. "Je to naše oblíbené **místo**? Miluji uvolněnou atmosféru a **servírka** je tak milá." "Je to **kavárna** na rohu? Víš, jak moc miluju **kávu**. "Přijíždějí k **restauraci** a ona vypískne radostí při pomyšlení na **tvarohový koláč**, který podávají jako **dezert**. **Uvaděč** je pozdraví u dveří a rychle je usazuje k jejich oblíbenému **stolu** u **baru**. Je to malý klidný koutek **restaurace**. Servírka je pozdraví, položí **ubrousky** a **stříbrné příbory** na jejich **stůl**, a pak vezme **objednávku nápojů**. Nabídne jim **předkrm**, zatímco čekají. Když se **servírka** vrátí, začne páru povídat o denních **specialitách**. "Dáme si dva vaše nejlepší **steaky k večeři**." Řekl John, "Jen to nejlepší pro moji dívku!" Opravdu si užívají své **gurmánské jídlo** a konverzace je skvělé, jako vždy. Myslím si, že bychom si měli dát **dezert** v tento zvláštní večer. John říká **servírce**, že by chtěli **brownie la mode** na jednom talíři. Servírka přináší brownie a la mode na jednom **talíři** se dvěma **lžícemi**. John a Mary se podívají na **dezert** a rozhodnou se, že na něj již nemají místo. "Myslím, že to budeme potřebovat **s sebou**," řekla Mary. Zatímco čekali, až jim servírka připraví **balíček**, John překvapil Mary tím, že poklekl! Celá **restaurace** tleskala; i **myčka nádobí** a **kuchaři** vyšli poblahopřát páru. Jaké nádherné druhé výročí to bylo pro šťastný pár. A teď, každý rok na jejich výročí, chodí **povečeřet** do své oblíbené **restaurace**, aby oslavili tak krásný večer.

12) Shopping
12) Nakupování

bags
*ta**šky***

bakery
***pe**kařství*

barcode
***čá**rový **k**ód*

basket
***ko**šík*

bookstore
***knih**kupectví*

boutique
***bu**tik*

browse
***pro**cházet*

buggy/shopping cart
***ná**kupní **vo**zík*

butcher
řeznictví

buy
koupit

cash
hotovost

cashier
pokladní

change
vyměnit/drobné

changing room
kabinka

cheap
levný

check
zkontrolovat

clearance
vyčištění

coin
mince

convenience store
smíšené zboží

counter
pult

credit card
kreditní karta

customers
zákazníci

debit card
debetní karta

delivery
donáška

department store
obchodní dům

discount
sleva

discount store
diskont

drugstore/pharmacy
drogerie/lékárna

electronic store
elektro

escalator
eskalátor

expensive
drahý

flea market
bleší trh

florist
květinářství

grocery store
zelinářství

hardware
železářství

jeweler
klenotník

mall
obchoďák

market
trh

meat department
oddělení masa

music store
hudebniny

offer
nabídka

pet store
zverimex

purchase
koupit

purse
peněženka

rack
stojan

receipt
účtenka

return
vrátit

sale
výprodej

sales person
*pro*dejce

scale
*vá*ha

size
*ve*likost

shelf/shelves
*po*lice

shoe store
*o*buv

shop
*ob*chod

shopping center
*ná*kupní *cen*trum

store
*ob*chod

supermarket
*su*permarket

tailor
*krej*čí/*šva*dlena

till
*po*kladna

toy store
*hrač*kářství

wallet
*pe*něženka

wholesale
*vel*koobchod

Related Verbs
Související slovesa

to buy
*kou*pit

to charge
*úč*tovat

to choose
*vy*brat

to exchange
*vy*měnit

to go shopping
*jít na*kupovat

to owe
dlužit

to pay
platit

to prefer
upřednostňovat

to return
vrátit

to save
šetřit

to sell
prodávat

to shop
nakupovat

to spend
utratit

to try on
vyzkoušet si

to want
chtít

It was just a few weeks until Christmas and Mark needed to **purchase** a gift for his wife. He didn't know what he was going to get for her. First, he went to the **bookstore**, she loved to read books. He checked the **shelves** to see if he could find something she had not read before, but he had no luck with that. Then he decided to visit her favorite clothing **boutique**. The **salesperson** was very friendly and helpful as he shopped. She knew his wife and was able to help him with **sizes**. He **browsed** the **racks** for just the right gift, but he did not find anything he thought she would like. Besides, everything was so **expensive**! Next, he went to the **shoe store**. He looked around and just couldn't decide what to get for her, so he left that **store**. He resisted going to the **hardware store**, that is his favorite. He thought to himself, "I have to remember, I am **shopping** for my wife, not me!" He finally decided to go to the **mall**. There are plenty of **shops** there! As he walked through the **mall**, he was getting discouraged; he passed a couple of **department stores**, a **music store** and a t**oy store**, but nothing seemed right. Finally, he came upon a **jeweler.** His wife loves jewelry. He approached the **counter** and began telling the **salesman** about his wife and the type of jewelry she wears. He was so excited to learn that the ring he picked out was on **sale**. The **salesman** told him the total and Mark reached for his **wallet** to get the **cash**. He asked the salesman, "Does that **price** include **tax**?" "Yes, of course", replied the **salesman**. Mark realized he didn't have enough **cash**, so he paid with his **credit card**. The salesman thanked him and gave him the ring and **receipt**. Mark was so pleased to have found a gift for his wife. He stopped by the **florist** on the way home to surprise her with some flowers. As he was leaving the **florist**, his wife called and asked him to stop by the **grocery store** on his way home. Mark decided he could get what he needed from the **convenience store**, so he stopped there, and then headed home to his wife. She was so surprised that he bought her flowers. She had a little surprise for him as well; she had stopped at the **bakery** on her way home from work. He thanked her for her thoughtful surprise. How lucky he felt to be in such a giving marriage!

Bylo jen pár týdnů do Vánoc a Mark potřeboval **koupit** dárek pro svou manželku. Nevěděl, co jí koupí. Nejdříve šel do **knihkupectví**, milovala knihy. Zkontroloval **police**, aby zjistil, jestli by našel něco, co ještě nečetla, ale neměl štěstí. Pak se rozhodl navštívit její oblíbený **butik** s oblečením. **Prodavačka** byla velmi přátelská a ochotná, když nakupoval. Znala jeho ženu, a byla schopena mu pomoci s **velikostí**. **Procházel stojany** pro ten správný dárek, ale nenašel nic, co si myslel, že by chtěla. Kromě toho, všechno bylo tak **drahé**! Dále šel do **obchodu s obuví**. Rozhlédl se kolem sebe a prostě se nemohl rozhodnout, co pro ni koupit a tak opustil tento **obchod**. Odolol myšlence jít do **železářství**, je jeho oblíbené. Pomyslel si "musím si pamatovat, že jdu **nakupovat** pro manželku, ne pro sebe!" Nakonec se rozhodl jít do **obchoďáku**. V okolí je spousta **obchodů**! Když procházel **obchody**, začal být zlamaný; absolvoval několik **obchodních domů**, **obchod s hudbou** a **hračkářství**, ale nic se nezdálo dobré. Nakonec přišel na **klenotníka**. Jeho žena miluje šperky. Přistoupil k

pultu a začal vyprávět **prodavači** o své manželce a typu šperků, které nosí. Byl tak nadšený, když zjistil, že prsten, který vybral byl ve **slevě**. Prodavač mu řekl celkovou cenu a Mark a sáhl po **peněžence**, aby vyndal **hotovost**. Zeptal se prodavače, "**Cena** je včetně **daně**?" "Ano, samozřejmě," odpověděl **prodavač**. Mark si uvědomil, že nemá dost peněz, tak zaplatil svou **kreditní kartou**. Prodavač mu poděkoval a dal mu prsten a **stvrzenku**. Mark byl tak rád, že našel dárek pro svou manželku. Zastavil se v **květinářství** na cestě domů, aby ji překvapit nějakými květinami. Když odcházel z květinářství, jeho žena zavolala a požádala ho, aby se zastavil v **obchodě s potravinami** na cestě domů. Mark se rozhodl, že by mohl obstarat to, co potřeboval v **samoobsluze**, a tak se tam zastavil, a pak zamířil domů ke své ženě. Byla tak překvapená, že jí koupil květiny. Měla pro něj take malé překvapení; zastavila se v **pekárně** na cestě domů z práce. Poděkoval jí za její překvapení. Cítil se tak šťastný tomto manželství!

13) At the Bank
13) V bance

account
účet

APR/Annual Percentage Rate
*APR/**Roč**ní **pro**centní **saz**ba*

ATM/Automatic Teller Machine
*ATB/**Ban**komat*

balance
stav

bank
***ban**ka*

bank charges
***ban**kovní **po**platky*

bank draft
***ban**kovní **smě**nka*

bank rate
***ban**kovní **saz**ba*

bank statement
výpis bankovního účtu

borrower
vypůjčovatel

bounced check
nekrytý šek

cardholder
držitel karty

cash
hotovost

cashback
peníze zpět

check
šek

checkbook
šeková knížka

checking account
běžný účet

collateral
souběžný

commission
poplatek

credit
úvěr

credit card
kreditní karta

credit limit
kreditní limit

credit rating
hodnocení úvěruschopnosti

currency
měna

debt
dluh

debit
debet

debit card
debetní karta

deposit
vklad

direct debit
přímé inkaso z účtu

direct deposit
přímý vklad

expense
výdaj

fees
poplatky

foreign exchange rate
kurz zahraniční měny

insurance
pojištění

interest
úrok

Internet banking
internetové bankovnictví

loan
půjčka

money
peníze

money market
peněžní trh

mortgage
hypotéka

NSF/Insufficient Funds
nedostačující finanční prostředky

online banking
online bankovnictví

overdraft
přečerpání

payee
příjemce platby

pin number
PIN

register
registrovat

savings account
spořící účet

statement
výpis

tax
daň

telebanking
telebankovnictví

teller
pokladník

transaction
transakce

traveler's check
cestovní šek

vault
trezor

withdraw
vybrat

Related Verbs
Související slovesa

to borrow
půjčit

to cash
proplatit

to charge
účtovat

to deposit
vložit

to endorse
schválit

to enter
vstoupit

to hold
držet

to insure
pojistit

to lend
půjčit

to open an account
otevřít účet

to pay
platit

to save
šetřit

to spend

utratit

---

to transfer money

převést peníze

---

to withdraw

vybrat

If you have a job, you will probably want to open a **bank account**. The two most popular **accounts** available are **checking account** and **savings account**. **Banks** also have many other **account** options, including **credit** lines, **money market accounts, mortgages**, etc. A **checking account** is good for your day-to-day purchases and paying your bills. You usually receive a **check card,** which works similar to a **credit card** for purchases, and a **checkbook** when you open a **checking account**. Your **check card** works like a **credit card**, however it **withdraws** money directly from your **account**. **Checks** are good for paying friends and family, bills, or anytime you have to mail a payment to someone. Most merchant's accept **checks** or **check cards** for payment, so you should not have a problem with everyday purchases with your **checking account**. You can also use your **debit card** to **withdraw cash** from **ATMs**; you will need to set up a **pin number** for **ATM transactions**. Make sure you keep track of your purchases and **withdrawals** using the **check register** because you don't want to be hit with **NSF fees**. As long as you **deposit** more **money** that you take out, you will be safe from **bank fees**. Many **banks** offer **Online Bill Pay**, making it very convenient for you to pay your bills from the comfort of your home, without ever needing to purchase a stamp. Another popular **bank account** is called a **savings account.** A **savings account** is great for long term planning. **Savings accounts** pay you **interest** on the **money** in your **account.** Different **banks** offer different **interest** rates based upon your savings habits and *balance.* This is the **account** you want to put money into and only take it out in case of emergency. **Checking** and **savings accounts** work well together and are the most common types of **bank accounts** available. Many savings accounts offer **overdraft** protection for your **checking account.** If you mess up and **withdraw** too much **money,** your **savings account** funds will step in and keep you from being charged **overdraft fees. Banks** are a safe way to save and manage your money. There are many safeguards in place to protect your **accounts.** With so many features, such as **online bill pay, telephone banking,** and **direct deposit,** the smart and efficient way to manage your money is with a **bank account.**

Pokud máte zaměstnání, budete si pravděpodobně chtít otevřít **bankovní účet.** Dva nejpopulárnější účty k dispozici jsou **běžný účet** a **spořící účet. Banky** mají i mnoho dalších **možností účtů,** včetně **úvěrových linek, účtů peněžního trhu, hypoték,** atd. **Běžný účet** je dobrý pro Vaše denní nákupy a placení účtů. Obvykle obdržíte **šekovou kartu,** která funguje podobně jako **kreditní karty** pro nákupy, a **šekovou knížku** při otevření **běžného účtu. Šeková karta** funguje jako **kreditní karta,** ale **vybírá** peníze přímo z Vašeho **účtu. Šeky** jsou dobré pro placení přátelům a rodině, účtů, nebo kdykoliv máte někomu odeslat platbu. Většina obchodníků přijímá **šeky** nebo **šekové karty** pro platbu, takže byste neměli mít problém s každodenním nákupem s Vaším **běžným účtem**. Můžete také použít svou **debetní kartu** k **výběru** hotovosti z **bankomatů**; budete muset nastavit **kód PIN** pro **transakce v bankomatu**. Ujistěte se, že budete mít přehled o Vašich nákupech a **výběrech** pomocí **kontrolního registru**, protože nechcete být postiženi **NSF poplatky**. Dokud **vložíte** více **peněz**, než **vyberete**, budete v bezpečí před **bankovními poplatky**. Mnohé **banky** nabízejí **placení účtů online**, což je velmi výhodné, můžete platit své účty z pohodlí Vašeho domova, aniž byste museli koupit známku. Další populární **bankovní účet** se nazývá **spořící účet**. **Spořicí účet** je ideální pro dlouhodobé plánování. **Spořicí účty** Vám zaplatí **úrok** z peněz na Vašem **účtu**. Různé **banky** nabízejí různé **úrokové** sazby založené na Vašich spořících zvycích a stavu účtu. To je **účet**, na který chcete uložit peníze a vybrat je jen v případě nouze. **Bežné** a **spořící účty** spolu fungují dobře a jsou nejběžnější typy **bankovních účtů**, které jsou k dispozici. Mnoho **spořicích účtů** nabízí ochranu před **kontokorentem** Vašeho **běžného účtu**. Pokud to pokazíte a **vyberete** příliš mnoho **peněz**, finanční prostředky **spořícího účtu** zakročí a udrží Vás od **poplatků kontokorentu**. Banky jsou bezpečný způsob, jak ukládat a spravovat své peníze. Existuje mnoho ochranných opatření na ochranu svých **účtů**. S tolika funkcemi, jako je například **on-line mzdový účet, telefonní bankovnictví**, a **přímý vklad**, je inteligentní a efektivní způsob, jak spravovat své peníze s **bankovním účtem**.

14) Holidays
14) Svátky

balloons
balonky

calendar
kalendář

celebrate
slavit

celebration
oslava

commemorating
připomínající

decorations
dekorace

family
rodina

feast
slavnost

federal
federální

festivities
slavnosti

fireworks
ohňostroje

first
první

friends
přátelé

games
hry

gifts
dárky

heros
hrdinové

holiday
svátek/prázdniny

honor
čest

national
*ná*rodní

parade
*prů*vod

party
*pár*ty

picnics
*pik*niky

remember
*vzpo*menout si

resolution
*us*nesení

traditions
*tra*dice

American Holidays in calendar order:
Americké svátky podle kalendáře

New Year's Day
Nový rok

Martin Luther King Jr. Day
Den Martina Luthera Kinga ml.

Groundhog Day

***Hrom**nice*

Valentine's Day

*Sv.**Valentýn***

St. Patrick's Day

***Den** Sv.**Pat**rika*

Easter

***Ve**likonoce*

April Fool's Day

***Ap**ríl*

Earth Day

***Den Zem**ě*

Mother's Day

***Den ma**tek*

Memorial Day

Pa**máteční **den

Father's Day

***Den otc**ů*

Flag Day

***Den vlaj**ky*

Independence Day/July 4th
Den nezávislosti

Labor Day
Svátek práce

Columbus Day
Kolumbův den

Halloween
Halloween

Veteran's Day
Den veteránů

Election Day
Den voleb

Thanksgiving Day
Den díkůvzdání

Christmas
Vánoce

Hanukkah
Hanuka

New Year's Eve
Silvestr

Related Verbs
Související slovesa

to celebrate

*sla*vit

to cherish

*u*chovávat

to commemorate

*při*pomínat

to cook

*va*řit

to give

*d*át

to go to

*j*ít na/k

to honor

*c*tít

to observe

*po*zorovat

to party

*sla*vit

to play
hrát

to recognize
uznat

to remember
vzpomenout si

to visit

Many cultures and backgrounds are represented in America. With such diversity, Americans **celebrate** many **holidays** throughout the year. There are so many **holidays** on the **calendar**, there is always something to **celebrate**. In January, **New Year's Day** is a big **celebration**, but the real celebrating comes the night before; there are **fireworks** and **parties** that are broadcast all over the world. In February, we celebrate **Valentine's Day**. It is a day that most couples express their love and affection for each other with cards and gifts. In March, we celebrate **St. Patrick's Day**. Many people wear green items and celebrate Irish heritage. **Easter** is usually celebrated in April. It is a Christian **holiday**, but has also become a secular **holiday** celebrating the beginning of springtime. One of the most cherished **holidays** in America is **Mother's Day**. We honor and remember our mothers and grandmothers on this day; showering them with cards, gifts, and affection. Another big **holiday** in May is **Memorial Day**; originally declared as a day to remember our fallen **heroes** of the various branches of the United States military. It is now seen as the unofficial start of summertime and is celebrated with **picnics** and time with **family**. In June, we **celebrate Father's Day**, while it is not as popular as **Mother's Day**, the idea is the same; to **honor** and **remember** our fathers and grandfathers. In July we **celebrate Independence Day**, also known as **July 4th**. This is the day we **celebrate** our independence from England so many years ago. We **celebrate** with **fireworks** and **picnics** with **family** and **friends**. September brings **Labor Day**, the official end of summer. It was originally declared as a day to recognize the achievements of American workers in our economic successes. In October, we celebrate **Halloween**. Children dress up in their favorite costumes and go trick-or-treating for candy; many adults participate in the fun and have dress-up **parties**. In November, we celebrate **Thanksgiving Day**. It is a day to remember the early settlers to the new world and their achievements. We gather with **family** and **friends** to **feast** on turkey and other comfort-type foods. In December, we **celebrate Christmas Day. Christmas** is a Christian **holiday** that **celebrates** the birth of Jesus Christ. It is also **celebrated** by non-Christians and has many secular-type **celebrations** and **traditions**. Santa Claus visits young children on **Christmas Eve**, leaving toys and games in their stocking. **Hanukkah** is another **holiday celebrated** in December by the Jewish community; an eight-day **holiday commemorating** the rededication of the Holy Temple in Jerusalem. This is only a handful of the **holidays celebrated** by Americans. With so many **holidays**, Americans always have a reason to celebrate; so get out the **decorations**, **balloons**, and **games** and let the **festivities** begin!

Mnoho kultur a prostředí je zastoupeno v Americe. S takovou rozmanitostí, Američané **slaví** mnoho **svátků** po celý rok. V **kalendáři** je tolik **svátků**, že je stále co slavit. V lednu, je **Nový rok** velká **oslava**, ale skutečná oslava přijde večer předtím; kdy jsou **ohňostroje** a **párty**, které jsou vysílány po celém světě. V únoru slavíme **Den sv. Valentýna**. Je to den, kdy většina párů vyjádřuje svou lásku a náklonnost práníčky a dárky. V březnu slavíme **Den svatého Patrika**. Mnoho lidí nosí zelené věci a slaví irské dědictví. **Velikonoce** se obvykle slaví v dubnu. Je to křesťanský **svátek**, ale také se stal světským **svátkem** oslavujícím začátek jara. Jedním z nejvíce ctěných **svátků** v Americe je **Den matek**. V tento den si připomínáme naše matky a babičky; zahrnujeme je práníčky, dary a náklonností. Další velký **svátek** v květnu je **Památeční den;** původně deklarován jako den, kdy vzpomínáme na naše padlé **hrdiny** z různých divizí armády Spojených států. Nyní je považován za neoficiální začátek léta a je oslavován **pikniky** a časem s **rodinou**. V červnu jsme slavíme **Den otců**, i když není tak populární jako **Den matek**, myšlenka je stejná; **ctít** a **připomenout** si naše otce a dědečky. V červenci slavíme **Den nezávislosti**, také známý jako **4.červenec**. To je den, kdy **slavíme** naši nezávislost na Anglii před tolika lety. Slavíme **ohňostrojem** a **pikniky** s **rodinou** a **přáteli**. Září přináší **Svátek práce**, oficiální konec léta. Původně byl deklarován jako den uznání úspěchů amerických dělníků v našich ekonomických úspěších. V říjnu slavíme **Halloween**. Děti se převlékají do svých oblíbených kostýmů a chodí koledovat; mnozí dospělí se podílejí na zábavě mají **party** v kostýmech. V listopadu slavíme **Den díkůvzdání**. Je to den, kdy si připomínáme první osadníky v novém světě a jejich úspěchy. Scházíme se s **rodinou** a **přáteli** při **hostině** s krocanem a dalšími sytými jídly. V prosinci slavíme **Štědrý den**. **Vánoce** jsou křesťanský svátek, který oslavuje narození Ježíše Krista. Je také oslavován nekřesťany a má mnoho sekulárních typů **oslav** a **tradicí**. Santa Claus navštíví malé děti na **Štědrý den**, a nechá jim hračky v jejich punčochách. **Chanuka** je další **svátek**, který **slaví** v prosinci židovské komunity; osmidenní svátek **připomínající** druhé vysvěcení Svatého Chrámu v Jeruzalémě. To je jen hrstka **svátků**, které **slaví** Američané. S tolika **svátky** mají Američané vždy důvod k **oslavě**; takže vyndejte **dekorace, balónky,** a **hry,** a nechat **slavnosti** začít!

15) Traveling
15) Cestování

airport
letiště

backpack
batoh

baggage
zavazadlo

boarding pass
palubní lístek

business class
business třída

bus station
autobusové nádraží

carry-on
pokračovat

check-in
odbavení

coach
*au*tobus

cruise
*o*kružní *plav*ba

depart/departure
*odl*étnout/*od*let

destination
*des*tinace

excursion
*ex*kurze

explore
*proz*koumat

first class
*prv*ní *tří*da

flight
*l*et

flight attendant
*le*tuška

fly
*le*tět

guide
*pr**ů**vodce*

highway
*d**ál**nice*

hotel
***ho**tel*

inn
***hos**tinec*

journey
***ces**ta*

land
*p**řis**tát*

landing
*p**řis**tání*

lift-off
***zved**nout*

luggage
*****ku**fr*

map
***ma**pa*

move
pohybovat se

motel
motel

passenger
pasažér

passport
cestovní pas

pilot
pilot

port
přístav

postcard
pohled

rail
železnice

railway
koleje

red-eye
noční

reservations
rezervace

resort
resort

return
vrátit se

road
silnice

roam
potulka

room
pokoj

route
cesta

safari
safari

sail
plavit se

seat
sedadlo

sightseeing
pamětihodnost

souvenir
suvenýr

step
krok

suitcase
zavazadlo

take off
vzlétnout

tour
tůra

tourism
turismus

tourist
turista

traffic
provoz

trek
trek

travel

*ces*tovat

travel agent

*ces*tovní *a*gent

trip

*vý*let

vacation

*prázd*niny

voyage

*plav*ba

Modes of Transportation
Způsoby dopravy

airplane/plane

*le*tadlo

automobile

*au*tomobil

balloon

*bal*ón

bicycle

*jízd*ní kolo

boat
člun

bus
autobus

canoe
kánoe

car
auto

ferry
trajekt

motorcycle
motocykl

motor home
přívěs

ship
loď

subway
metro

taxi
taxi

train
vlak

van
dodávka

Hotels
Hotely

accessible
dostupný

airport shuttle
kyvadlová doprava z letiště

all-inclusive
all-inclusive

amenities
vymoženosti

balcony
balkon

bathroom
koupelna

beach
pláž

beds
*pos*tele

bed and breakfast
*pen*zion

bellboy/bellhop
*ho*telový *pos*líček

bill
účet

breakfast
*sní*daně

business center
*ob*chodní *cen*trum

cable/satellite tv
*ka*belová/*sa*telitní TV

charges (in-room)
*pop*latky(za pokoj)

check-in
*u*bytování

check-out
*od*hlášení

concierge
*do*movník

Continental breakfast
*kon*tinentální *sní*daně

corridors (interior)
*chod*by

doorman
*por*týr

double bed
*man*želská *pos*tel

double room
*dvou*lůžkový *po*koj

elevator
*vý*tah

exercise/fitness room
*tě*locvična

extra bed
*při*stýlka

floor
*pod*laha

front desk
přední recepce

full breakfast
plná snídaně

gift shop
obchod s dárkovými předměty

guest
host

guest laundry
prádelna pro hosty

hair dryer
vysoušeč vlasů

high-rise
výšková budova

hotel
hotel

housekeeping
hospodaření

information desk
informace

inn
hostinec

in-room
na pokoji

internet
internet

iron/ironing board
žehlička/žehlící prkno

key
klíč

king bed
manželská postel

lobby
hala

local calls
místní hovory

lounge
hala

luggage
zavazadlo

luxury

*lu*xus

maid

*po*kojská

manager

*ma*nažer

massage

*ma*sáž

meeting room

*před*nášková *míst*nost

microwave

*mi*krovlnná *trou*ba

mini-bar

*mi*ni bar

motel

*mo*tel

newspaper

*no*viny

newsstand

*no*vinový *stá*nek

non-smoking
nekuřácký

pets/no pets
bez domácích mazlíčků

pool - indoor/outdoor
bazén –uvnitř/venku

porter
vrátný

queen bed
dvoulůžko

parking
parkoviště

receipt
účet

reception desk
recepce

refrigerator (in-room)
lednice (na pokoji)

reservation
rezervace

restaurant

restaurace

room

pokoj

room number

číslo pokoje

room service

pokojová služba

safe (in-room)

trezor (na pokoji)

service charge

servisní poplatek

shower

sprcha

single room

jednolůžkový pokoj

suite

apartmá

tax

daň

tip
spropitné

twin bed
dvoulůžko

vacancy/ no vacancy
volný pokoj/ žádný volný pokoj

wake-up call
buzení telefonem

whirlpool/hot tub
výřivka

wireless high-speed internet
bezdrátový vysokorychlostní internet

Related Verbs
Související slovesa

to arrive
přijet

to ask
zeptat se

to buy
koupit

to catch a flight

***chy**tit let*

to change

***vy**měnit*

to drive

*ř**í**dit*

to find

***na**jít*

to fly

***le**tět*

to land

***při**stát*

to make a reservation

***u**dělat **re**zervaci*

to pack

***sba**lit*

to pay

***za**platit*

to recommend

***do**poručit*

to rent

*pro**najmout***

to see

*vi**dět***

to stay

*z**ů**stat*

to take off

*vz**lét**nout*

to travel

*ces**tovat***

to swim

*pla**vat***

Michael is young and adventurous and loves to **travel**; ever since he was a little boy, he has enjoyed the excitement of **traveling**. Whether he **travels** by **boat**, **car**, or **plane**; he always has a great time. Michael has **traveled** all over the world on **vacation**. Once, he took a **bus** from Florida to California, just to say he had done so. His wife enjoys **traveling** with Michael; however, she is not an adventurous person. She likes to **vacation** in nice, quiet places. She prefers an easy **trip** that does not require **layovers** or complicated **itineraries**. Her favorite **destination** is Hawaii, so Michael decided to take her there for their anniversary. They made their **reservations** and took a **plane** from California to Hawaii; or so they thought. That is where this **journey** begins. They bought **tickets** on the **red-eye flight** to get an early start on **vacation**. They arrived at the **airport**, got their **luggage checked-in** and with their **carry-on bags** in hand, they headed towards the **concourse**, ready to **fly** away into the sunset! They were in such a hurry to get to their **destination**; they unknowingly **boarded** the wrong **plane**. They both slept during the **flight** and when they arrived, they both felt something was not quite right; they had traveled to **Alaska**! They checked with their **travel agency** and found out there were no **flights** leaving that **airport** until the next morning. Determined to get to their **vacation** in Hawaii, the couple decided to do whatever it took to get there! They took a **ferry** to the nearest **car** rental location and decided to **drive** as much of the way as possible; they would figure the rest out later. They picked up a **map** and headed on their way. They figured they would get to do some **sightseeing** along the way, if nothing else. It was a long **drive**; they drove for hundreds of miles until they just couldn't drive anymore, so they stopped at a **hotel** to get some rest. The next morning, they **checked-out** of their **hotel room** and continued driving. Their **travel agent** called them and said that they had **coach tickets** the next morning, leaving out of LAX **airport**; they just had to be there in time. The couple made it to the **airport** with just ten minutes to spare! They finally **boarded** their **flight**, on their way to Hawaii. When they arrived at the **airport**, they were so relieved to finally be on **vacation**! They took a **shuttle** to the

resort and finally were able to enjoy a nice, relaxing **vacation**. Of all Michael's **travels**, this was the most adventurous one yet!

Michael je mladý a dobrodružný a miluje **cestování**; od doby, kdy byl malý kluk, ho vždy bavilo vzrušení z **cestování**. Ať už cestuje **lodí, autem,** nebo **letadlem**; vždycky se má skvěle. Michael **cestoval** na **dovolenou** po celém světě. Jednou jel **autobusem** z Floridy do Kalifornie, jen aby mohl říci, že to udělal. Jeho ženu baví **cestovat** s Michaelem; Nicméně, ona není dobrodružný člověk. Má ráda **dovolenou** na pěkném, klidném místě. Dává přednost snadným **výletům**, který nevyžadují **přestupy** ani složité **trasy**. Její oblíbenou **destinací** je Havaj, tak se Michael rozhodl, že ji tam vezme na jejich výročí. Udělali **rezervaci** a nasedli na **letadlo** z Kalifornie na Havaj; nebo si to alespoň mysleli. To je místo, kde začíná tato cesta. Koupili **letenky** na **noční let**, aby **dovolenou** začali brzo. Dorazili na **letiště**, **odbavili zavazadla** a s **příručními zavazadly** v ruce, zamířili směrem k **hale**, připraveni **odletět** do západu slunce! Byli v takovém spěchu za **destinací**, že nevědomky **nastoupili** na špatný **let**. Oba během **letu** spali a když dorazili na místo, oba cítili že něco není úplně v pořádku; cestovali na **Aljašku**! Zkontrolovali se svou **cestovní kanceláří**, a zjistili, že žádné **lety** neopustí letiště až do příštího rána. Rozhodl se dostat na svou dovolené na Havaji, pár se rozhodl udělat všechno pro to, aby se tam dostal! Jeli **trajektem** do nejbližší půjčovny **aut** a rozhodli se, řídit jak jen to bude možné, zbytek vymyslí nějak později. Zvedli **mapu** a vyrazili na cestu. Rozhodli se, že po cestě udělají nějaké **prohlídky,** když už nic jiného. Byla to dlouhá **cesta**; Jeli stovky kilometrů, než už nemohli řídit, tak se zastavili v **hotelu**, aby si trochu odpočinuli. Druhý den ráno se **odhlásili** ze svého **hotelového pokoje** a pokračovali v jízdě. Jejich **cestovní kancelář** jim zavolala a řekla, že mají **autobusové jízdenky** na druhý den ráno z LAX **letiště**; takže tam prostě museli být včas. Pár se dostal na **letiště** s desetiminutovým náskokem! Nakonec **nastoupili** svůj **let**, na jejich cestu na Havaj. Když dorazili na **letiště**, tak se jim ulevilo, že jsou konečně na **dovolené**! Jeli **kyvadlovou dopravou** do **střediska** a konečně si mohli vychutnat pěknou, relaxační **dovolenou**. Ze všech Michaelových **cest**, tato byla jistě nejdobrodružnější!!

16) School
16) Škola

arithmetic
aritmetika

assignment
zadání

atlas
atlas

backpack
batoh

binder
šanon

blackboard
tabule

book
kniha

bookbag
batoh na knihy

bookcase
***kni**hovna*

bookmark
***zá**ložka*

calculator
***kal**kulačka*

calendar
***ka**lendář*

chalk
***kří**da*

chalkboard
***ta**bule na **krí**dy*

chart
***ta**bulka*

class clown
***tří**dní šašek*

classmate
***spo**lužák*

classroom
***tří**da*

clipboard
nástěnka

coach
trenér

colored pencils
barevné tužky

compass
kompas

composition book
sešit

computer
počítač

construction paper
pracovní papír

crayons
křídy

desk
stůl(pracovní)

dictionary
slovník

diploma
diplom

dividers
kružítko

dormitory
kolej

dry-erase board
tabule na fixy

easel
malířský stojan

encyclopedia
encyklopedie

english
angličtina

eraser
guma

exam
zkouška

experiment
pokus

flash cards
kartičky

folder
složka

geography
zeměpis

globe
globus

glossary
slovníček

glue
lepidlo

gluestick
lepidlo v tubě

grades, A, B, C, D, F, passing, failing
Známky 1,2,3,4,5
projít, propadnout

gym
tělocvična

headmaster
ředitel

highlighter
zvýrazňovač

history
dějepis

homework
domácí úkol

ink
inkoust

janitor
školník

Kindergarten
mateřská školka

keyboard
klávesnice

laptop
notebook

lesson
hodina

library
kni*hovna*

librarian
kni*hovník/knihovnice*

lockers
skříň*ky*

lunch
o*běd*

lunch box/bag
kra*bička na oběd*

map
ma*pa*

markers
fi*xy*

math
ma*tematika*

notebook
se*šit*

notepad
poz*námkový blok*

office
kancelář

paper
papír

paste
pasta

pen
pero

pencil
tužka

pencil case
penál

pencil sharpener
ořezávátko

physical education/PE
tělesná výchova

portfolio
portfolio

poster
plakát

principal
ředitel

professor
profesor

project
projekt

protractor
úhloměr

pupil
žák

question
otázka

quiz
kvíz

read
číst

reading
čtení

recess
výklenek

ruler
pravítko

science
věda

scissors
nůžky

secretary
sekretářka

semester
semestr

stapler
sešívačka

student
student

tape
páska

teacher
učitel/učitelka

test
test

thesaurus
tezaurus

vocabulary
slovíčka

watercolors
vodové barvy

whiteboard
bílá tabule

write
psát

Related Verbs
Související slovesa

to answer
odpovědět

to ask
zeptat se

to draw
kreslit

to drop out
vzdát se studia

to erase

vymazat

to fail

propadnout

to learn

učit se

to pass

projít

to play

hrát

to read

číst

to register

registrovat

to show up

vychloubat se

to sign up

zapsat se

to study

studovat

to teach

*uč*it

to test

*tes*tovat

to think

*mys*let

to write

*ps*át

Heather is five years old and has always enjoyed being home with her mom every day. She heard that she would be starting **school** soon and was nervous about it. Summer was coming to an end and Heather was really starting to get anxious about the start of the **school** year. This will be her first and she is unsure about what to expect. She was excited, yet nervous to leave her mom all day. Her mom took her **school supply** shopping on the Saturday before school was to start. She had her list of **school supplies** and was very overwhelmed by all the things in the store. There are so many things on the list, she doesn't know where to start; **crayons**, **paper**, **markers**, **glue**, and more! Heather's mom told her she would need something to put all this stuff in, so she picked out a nice **backpack** with her favorite cartoon cat on it; it also had a matching **lunch bag**! Her mom told her she would also need to get some new clothes because every little girl needs new clothes for the first day of **school**. On the way home from shopping, Heather questioned her mom about **school;** she was getting very excited because she wondered what she would be doing with all this stuff! The first day of **school** finally came and Heather's mom took her to register for the first day of **Kindergarten**. The first stop was the **office**, she met a very nice lady, the **school secretary**, and she also met a handsome gentleman who said he was the **principal** of the **school**. She wasn't sure what that meant, but he must be important. Once everything was settled in the **office**, her mom took her to her new **classroom**. When she walked in, she couldn't believe her eyes; it was amazing! There was a big **chalkboard** on the wall, rows of **desks**, colorful **charts** and **maps**, even some games and **books**. She really likes games and **books**, so she started to relax a bit. Then, she saw her new **teacher**; she was a nice lady, smiling and being very polite. Heather then realized she would be okay. She sent her mom on her way and told her she would see her this afternoon after **school**. She was ready to learn to **read** and **write**, do **math** and **science**; she was not nervous anymore! That day she made several new friends and really like her **teacher**. They had **English** and **Math**; she even got to paint using her new **watercolors**. Heather decided she loved **school** and wanted to come back every day!

Heather je pět let a vždy se jí líbilo být doma s matkou každý den. Slyšela, že brzy zahájí **školu** a byla nervózní. Léto se blížilo ke svému konci a Heather opravdu začala být nervózní ze zahájení **školního** roku. Bude její první a ona neví, co očekávat. Byla nadšená, ale nervózní opustit svou matku na celý den. Její miminka ji vzala na nákup **školních pomůcek** v sobotu předtím, než začala škola. Měla seznam **školních pomůcek** a byla velmi ohromena všemi věcmi v obchodě. Na seznamu je tolik věcí a ona neví, kde začít; **pastelky, papír, fixy, lepidlo**, a další! Maminka řekla Heather, že bude muset mít něco, kam dá všechny ty věci, tak si vybrala pěkný **batoh** s její oblíbenou karikaturou kočky;byl k němu take odpovídající **sáček na obědy**! Její máma jí řekla, že by potřebovala nějaké nové oblečení, protože každá holčička potřebuje nové oblečení na první den ve **škole**. Na cestě domů z nákupu se Heather vyptávala maminky na **školu**; byla stále velmi nadšená, protože přemýšlela, co bude dělat se všemi těmi věcmi! První **školní** den konečně přišel a maminka vzala Heather k registraci na první den ve **školce**. První zastávka byla v **kanceláři**, potkala velmi pěknou paní, **školní sekretářku**, a také se setkala s hezkým pánem, který říkal, že je **ředitelem** školy. Nebyla si jistá, co to znamená, ale musí být důležitý. Jakmile bylo v **kanceláři** vše zařízeno, vzala ji matka do její nové **třídy**. Když vešla dovnitř, nemohla uvěřit svým očím; bylo to úžasné! Tam byla velká **tabule** na zdi, řady **lavic**, barevné **grafy** a **mapy**, dokonce i nějaké hry a **knihy**. Má opravdu ráda hry a **knihy**, a tak se jí troche ulevilo. Pak uviděla novou **učitelku**; byla to pěkná paní, usmívala se a byla velmi zdvořilá. Heather si pak uvědomila, že bude v pořádku. Poslala maminku na cestu, a řekla jí, že se uvidí po **škole** dnes odpoledne. Byla připravena naučit se **číst** a **psát**, dělat **matematiku** a **přírodní vědy**; již nebyla nervózní! Toho dne si udělala několik nových přátel a opravdu si oblíbila svou

učitelku. Měli angličtinu a matematiku; se dokonce malovala pomocí svých nových **akvarelů**. Heather se rozhodla, že miluje **školu** a chce se vrátit každý den!

17) Hospital
17) Nemocnice

ache
bolet

acute
akutní

allergy/allergic
alergie/alergický

ambulance
sanitka

amnesia
amnézie

amputation
amputace

anaemia
anémie

anesthesiologist
anesteziolog

antibiotics

antibiotika

anti-depressant

antidepresivum

appointment

schůzka

arthritis

artitida

asthma

astma

bacteria

bakterie

bedsore

proleženina

biopsy

biopsie

blood

krev

blood count

krevní obraz

blood donor
dárce krve

blood pressure
krevní tlak

blood test
krevní test

bone
kost

brace
svorka

bruise
modřina

Caesarean section (C-section)
císařský řez

cancer
rakovina

cardiopulmonary resuscitation (CPR)
kardiopulmonální resuscitace

case
případ

cast
sádra

chemotherapy
chemoterapie

coroner
patolog

critical
kritický

crutches
berle

cyst
cysta

deficiency
nedostatek

dehydrated
dehydrovaný

diabetes
diabetes

diagnosis
diagnóza

dietician
*di*etetik

disease
*o*nemocnění

doctor
*lé*kař

emergency
*na*léhavost

emergency room (ER)
*po*hotovost

exam
*vy*šetření

fever
*ho*rečka

flu (influenza)
*chřip*ka

fracture
*frak*tura

heart attack
*in*farkt

hematologist
hematolog

hives
kopřivka

hospital
nemocnice

illness
nemoc

imaging
snímání

immunization
očkování

infection
infekce

Intensive Care Unit (ICU)
Jednotka intenzivní péče (JIP)

IV
IH indikační hodnota

laboratory (lab)
laboratoř

life support
život zachraňující

mass
masa

medical technician
zdravotní technik

neurosurgeon
neurochirurg

nurse
zdravotní sestra

operating room (OR)
operační sál

operation
operace

ophthalmologist
oftalmolog

orthopedic
ortopedický

pain
bolest

patient
pacient

pediatrician
pediatr

pharmacist
lékárník/lékárnice

pharmacy
lékárna

physical Therapist
fyzioterapeut

physician
lékař

poison
jed

prescription
předpis

psychiatrist
psychiatr

radiologist
radiolog

resident
rezident

scan
sken

scrubs
Oděv zdravotnického personálu

shots
injekce

side effects
vedlejší účinky

specialist
specialista

stable
stabilní

surgeon
chirurg

symptoms
symptomy

therapy
terapie

treatment
léčba

vein
žíla

visiting hours
návštěvní doba

visitor
návštěvník

wheelchair
kolečkové křeslo

x-ray
rentgen

Related Verbs
Související slovesa

to bring
přinést

to cough
kašlat

to examine
vyšetřit

to explain
vysvětlit

to feel
cítit

to give
dát

to hurt
bolet

to prescribe
předepsat

to scan
skenovat

to take
vzít

to test
testovat

to treat
léčit

to visit
navštívit

to wait

čekat

---

to x-ray

rentgenovat

James was a happy, **healthy** ten year old boy who loved sports and riding his bike; but one day that all came to a halt. James had been complaining that his back was hurting. The **pain** was so bad one morning; he couldn't even get out of bed. His mom decided to take him to the **emergency room** to get **examined** by a **doctor**. The **nurses** were very friendly and their number one priority was making sure James was not in **pain** and could rest comfortably. The **doctor** decided to order an **x-ray** of his back. The **radiologist** read the report; he and the **ER doctor** agreed that James had an unknown **mass** on his spine. James was immediately admitted to the **hospital** for **blood tests**. The **blood tests** did not reveal the cause of the **mass,** so the **pediatrician** overseeing his **case** decided he needed some more extensive **imaging tests**, as well as a **biopsy**. James was nervous because so many **doctors** were coming to see him; an **orthopedic doctor**, a **neurosurgeon**, and a **hematologist.** The **nurses** did a good job at keeping his mind at ease. They brought him movies and video games to play to keep him busy. He had many **visitors**; friends and family members came to see him. He loved the visits with the **therapy** dogs the most; they were such comforting and sweet dogs. They had so many activities and fun for the **patients** at the children's **hospital**. James was a real trooper when they had to take **blood** and put his **IV** in his arm. James spent twelve days in the **hospital** before they finally **diagnosed** him with a **bone infection**. The **physical therapist** fit him with a back brace and he was **prescribed antibiotics**. After undergoing multiple **blood tests**, **image scans**, and a **biopsy**, James was ready to go home. He was not able to do the normal things other kids could do because of the damage to his spine, but he was so happy to be home with his family and on the mend from his terrible back **infection**. After several months of **treatment** and spinal **surgery** to straighten his back, James is now a strong, healthy, and happy boy. Through it all; the t**reatments, tests, hospital** stays, and **therapy**, James has been an inspiration and hero to many who walked this journey with him.

James byl šťastný, **zdravý** desetiletý chlapec, který miloval sport a jezdil na kole; ale jednoho dne se vše zastavil. James byl stěžoval, že jej bolela záda. Jednoho rána byla **bolest** tak silná, že nemohl ani vstát z postele. Jeho maminka se rozhodla vzít ho na **pohotovost**, aby ho **lékař vyšetřil**. **Sestry** byly velmi přátelské a jejich prioritou číslo jedna byl ujistit se, že James nemá **bolesti** a je mu dobře. **Doktor** se rozhodl nařídit **rentgen** zad. **Radiolog** přečetl zprávu a on a **lékař z pohotovosti** se shodli, že James měl neznámý **útvar** na páteři. James byl okamžitě přijat do **nemocnice** na **vyšetření krve**. **Krevní testy** neodhalily příčinu **útvaru**, takže **pediatr**, který dohlížel na jeho případ se rozhodl, že potřebuje nějaké širší **zobrazovací testy**, stejně jako **biopsii**. James byl nervózní, protože tolik **lékařů** přichází proto, aby ho viděli; **ortoped, neurochirurg**, a **hematolog**. **Sestry** odvedly dobrou práci, aby ho udržely v klidu. Přinesli mu filmy a video hry, aby ho zabavily. Měl mnoho **návštěvníků**; přátelé a rodinní příslušníci za ním přišli. Nejvíce miloval návštěvy se psí **terapií**; byly to tak uklidňující a sladcí psi. Měli tolik aktivit a zábavy pro **pacienty** v dětské **nemocnici**. James byl opravdový hrdina, když mu brali **krev** a dávali **injekci** do paže. James strávil dvanáct dní v **nemocnici**, než mu nakonec diagnostikovali **infekci kostí**. **Fyzioterapeut** jej vybavil výztuhou zad a byla mu **předepsána antibiotika**. Poté, co podstoupil několik **vyšetření krve, skenů** a **biopsii**, byl James připraven jít domů. Nebyl schopen dělat normální věci jako ostatní děti z důvodu poškození jeho páteře, ale byl tak šťastný, že doma se svou rodinou a se uzdravuje se z **infekce** zad. Po několika měsících léčby a **operaci** páteře, která mu narovnala záda, je James nyní silný, zdravý a šťastný chlapec. Přes to všechno; **ošetření, testy, pobyty v nemocnici**, a **terapie**, James byl inspirací a hrdinou pro mnoho lidí, kteří šli touto cestou s ním.

18) Emergency
18) Pohotovost

accident
*ne*hoda

aftershock
*nás*ledný otřes

ambulance
*sa*nitka

asthma attack
*as*tmatický záchvat

avalanche
*la*vina

blizzard
*vá*nice

blood/bleeding
*k*rev/krvácení

broken bone
*zlo*mená kost

car accident
dopravní nehoda

chest pain
bolest na hrudi

choking
dušení

coast guard
pobřežní hlídka

crash
náraz

diabetes
diabetes

doctor
lékař

drought
sucho

drowning
topení

earthquake
zemětřesení

emergency
*po*hotovost

emergency services
*služ*by pohotovosti

EMT (emergency medical technician)
*tech*nik lékařské pohotovosti

explosion
*vý*buch

fight
*b*oj/zápas

fire
*po*žár

fire department
*po*žární sbor

fire escape
*po*žární únik

firefighter
*ha*sič

fire truck
*ha*sičský vůz

first aid
první pomoc

flood
povodeň

fog
mlha

gun
zbraň

gunshot
střelná zbraň

heart attack
infarkt

heimlich maneuver
heimlichův chvat

help
pomoc

hospital
nemocnice

hurricane
hurikán

injury
zranění

ladder
žebřík

lifeguard
záchranář

life support
podpora života

lightening
blesk

lost
ztracený

mudslide
sesuv bahna

natural disaster
přírodní katastrofa

nurse
zdravotní sestra

officer
důstojník

paramedic
záchranář

poison
jed

police
policie

police car
policejní vůz

rescue
záchranář

robbery
loupež

shooting
střelba

stop
zastavit

storm
bouřka

stroke
mrtvice

temperature
teplota

thief
zloděj

tornado
tornádo

tsunami
tsunami

unconscious
v bezvědomí

weather emergency
pohotovost počasí

Related Verbs
Související slovesa

to bleed
krvácet

to break
zlomit

to breathe
dýchat

to burn

*ho**ř**et*

---

to call

***vo**lat*

---

to crash

***na**razit*

---

to cut

***ří**znout*

---

to escape

***u**téct*

---

to faint

***om**dlet*

---

to fall

***u**padnout*

---

to help

***po**moci*

---

to hurt

***bo**let*

---

to rescue

***za**chránit*

to save
zachránit

to shoot
střílet

to wheeze
sípat

to wreck
ztroskotat

One of the most important things parents can teach their children is how to handle an **emergency**. You often hear stories on the news about a child who saved someone by making a wise decision in an **emergency**. What you don't hear are the stories when children made a poor decision. Unfortunately, many children would not know what to do in case of a real **emergency** such as a **fire**, a **flood**, or if a parent had a **heart attack**. We hope that our children are never put in these situations, but we want them to be prepared. In an **emergency**, such as a **tornado**, an **earthquake**, or other **natural disaster,** children might react in two very dangerous ways; one of which is the superhero reaction. In this case, children think they can "save the day" and play **rescue** worker. They might try to run into a burning building or swim out to save someone in a **flood.** Make sure your children know that there are people such as **firefighters**, **police officers**, and **EMT**s that are professionally trained to handle these situations. It may seem safe to "**help**", but the danger may not be obvious to a child. If they try to "**help**" in a dangerous situation, it may make the **emergency** worse! The best thing to do is call **emergency services** and they will tell you exactly what you can do to **help**. On the other hand, the opposite reaction can be just as dangerous. Some children will try to run and hide from scary situations. Even though you may be scared, try to remain calm, find a phone, and call for **help**. As I said earlier, children often play a big role in the **rescue** efforts during an **emergency**. Here are some practical tips to teach your children about **emergency** situations. 1) Take a deep breath, relax and look around for **help**. 2) Call for **help**; either by yelling or phone. If someone has an **injury** or are hurt, the **rescue** workers can be there fast. In a **life threatening** situation, the **emergency operator** can often walk you through step-by-step what to do. 3) Never hang up on the operator; they will need details about your location and the **emergency** situation. 4) Find a safe place to wait for help. Do not put yourself in danger while you wait for the professionals, it will only create a bigger **emergency**. The best way to handle an **emergency** is to prepare yourself for one. If you know what to do in different **emergencies**, you will be better equipped to handle them. Ask your parents to teach you the **fire escape** plan in your home or what to do in case someone is **injured** at home. Ask someone to show you how to call for help; make sure the phone numbers for the **fire department, police**, and **ambulance** service numbers are posted on your home phone. As you get older, you can even take a **first aid** class.

Remember, in all **emergencies**, remain calm and call for help and never put yourself in danger.

Jednou z nejdůležitějších věcí, kterou mohou rodiče naučit své děti, je to, jak zvládnout **stav nouze**. Často uslyšíte příběhy ze zpráv o dítěti, které zachránilo někoho tím, že udělalo moudré rozhodnutí v **případě nouze**. Co neslyšíte, jsou příběhy, kdy děti udělaly špatné rozhodnutí. Bohužel, mnoho dětí by nevědělo, co dělat v **případě skutečné nouze**, jako je například **požár, povodeň**, nebo v případě, že rodič měl **infarkt**. Doufáme, že naše děti se nikdy neocitnou v těchto situacích, ale chceme, aby byly připravené. V případě nouze, jako je například **tornádo, zemětřesení** nebo jiné **přírodní katastrofy**, děti mohou reagovat dvěma velmi nebezpečnými způsoby; jedním z nich je reakce superhrdiny. V tomto případě si děti myslí, že můžou "zachránit den" a hrát si na **záchranáře**. Mohou vběhnout do hořícího domu, nebo se pokust zachránit někoho před **povodní**. Ujistěte se, že Vaše děti vědí, že existují lidé, jako jsou **hasiči, policisté** a **EMT**, kteří jsou odborně vyškoleni, aby zvládli tyto situace. Může se zdát bezpečné "**pomoci**", ale nebezpečí nemusí být dítěti zřejmé. Pokud se pokusíte "**pomoci**" v nebezpečné situaci, může to být ještě horší! Nejlepší věc, kterou můžete udělat, je zavolat **záchrannou službu** a oni vám řeknou přesně to, co můžete udělat, abyste **pomohli**. Na druhé straně, opačná reakce může být stejně tak nebezpečná. Některé děti se pokusí utéct a schovat se před děsivou situací. I když můžete mít strach, pokuste se zachovat klid, najít telefon a zavolat o **pomoc**. Jak jsem již řekl dříve, děti často hrají velkou roli při

záchranných pracích v **případě ohrožení**. Zde je několik praktických tipů, jak poučit své děti o mimořádných situacích. 1) Zhluboka se nadechněte, uvolněte se a vyhledejte **pomoc**. 2) Volejte o pomoc; buď křikem, nebo telefonem. Pokud má někdo zranění, nebo se zraní, **záchranáři** tam mohou být rychle. V život ohrožující situaci, Vás **operátor tísňové linky** často provede krok za krokem, co dělat. 3) Nikdy operátorovi nezavěšujte; budou potřebovat informace o Vaší poloze a **nouzové** situaci. 4) najděte bezpečné místo a kečejte na **pomoc**. Nevystavujte se nebezpečí, zatímco čekáte na profesionály, bude to pouze horší. Nejlepší způsob, jak zvládnout **mimořádnou situaci**, je připravit se na ni. Pokud víte, co dělat v různých **mimořádných událostech**, budete lépe připraveni s nimi pracovat. Požádejte rodiče, ať vás naučí **požární únikový plán** u vás doma, nebo co dělat v případě, že se někdo doma **zraní**. Požádejte někoho, aby vám ukázal, jak volat o pomoc; ujistěte se, že telefonní čísla pro **hasiče, policii, záchrannou službu** a čísla jsou zveřejněna na domácím telefonu. Jak člověk stárne, může dokonce absolvovat kurz **první pomoci**. Pamatujte si, že ve všech **naléhavých případech** musíte zůstat v klidu a zavolat o pomoc a nikdy se nevystavit nebezpečí.

www.ingramcontent.com/pod-product-compliance
Lightning Source LLC
LaVergne TN
LVHW051111080426
835510LV00018B/1998